Ricardo Porro

RICARDO PORRO

ARCHITEKT

RITTER KLAGENFURT

ISBN 3-85415-144-6

© 1994, Verlag Ritter Klagenfurt, Ricardo Porro,
L'Institut Français d'Architecture, Paris

Printed in Austria

Dank

Die Initiative zur Entstehung dieses Buches geht wesentlich von dem Architekten Günther Domenig aus.

Er begeisterte die Direktoren der Funder Industrie Gesellschaft m. b. H., St. Veit/Glan, Österreich, Otto Biedermann und Bernhard Holzer für ein Symposium *Freiheit und Ordnung in der Architektur*, für eine Ausstellung *Ricardo Porro*, Oktober/November 1994, und für eine finanzielle Unterstützung der vorliegenden Publikation.

Diesen Personen gebührt der Dank des Verlages, wie auch Herrn Ricardo Porro, der bei der Vorarbeit zu diesem Katalog äußerst hilfreich war.

Weiters sind wir dem Institut Français d'Architecture, 6, rue de Tournon, F-75006 Paris, sowie allen anderen Beteiligten zu Dank verpflichtet.

Ricardo Porro

Einleitung

Ich bin Maler, Bildhauer, Architekt und Möbeldesigner. Den Künstlern der Renaissance fühle ich mich sehr verbunden. Nicht etwa, weil ich genau das versuche, was sie taten – ich entstamme einem anderen Jahrhundert und einer anderen Mentalität, und ich habe eine andere Weltanschauung –, sondern weil ich mich selbst als universalen Menschen mit verschiedenen Ausdrucksmöglichkeiten sehe.

Ich würde mich als jemanden beschreiben, der versucht, die Welt zu betrachten, zu verstehen und dann in Kunst zu übertragen. Mein Kunstbegriff geht auf Hegel zurück, der von der „sinnlichen Erscheinung der Idee" spricht. Das ist eine theoretische Definition von Schönheit. Den Begriff der „Idee" verstehe ich in einem anderen Sinne. Für mich kann die Idee das kollektive Drama eines Momentes in der Entwicklung der Zivilisation sein oder etwas von universaler Wichtigkeit zu einem historischen Zeitpunkt. Es kann auch der Ausdruck der ewigen Probleme der Menschheit sein (Eros, Thanatos, das Böse, Natur, die Frage nach der göttlichen Existenz). Meiner Ansicht nach sind das die Hauptprobleme der Kunst.

Meinen Studenten gab ich in der Regel folgende Definition von Architektur: sie schafft einen poetischen Rahmen für das Handeln des Menschen. Und Poesie sei das, was Hölderlin meinte: die Übersetzung der Welt in Worte. Man könnte auch sagen, daß die Poesie in der Architektur die Übersetzung der Welt in lebendige Räume ist, die Poesie in der Malerei das Übertragen der Welt in flache Oberflächen unter dem Gebrauch der Farbe. Dann wäre die Skulptur die Übertragung der Welt in Raum. In allen meinen Werken habe ich immer nach Poesie gestrebt, und wenn ich eine Verbindung zwischen meiner Architektur, meiner Malerei und meiner Skulptur finden könnte, wäre es die Poesie. Ich würde mich selbst am ehesten als Dichter bezeichnen. Ein Dichter, der Architektur entwirft, ein

Ricardo Porro

Introduction

I am a painter, sculptor, architect and furniture designer. I feel very attached to the artists of the Renaissance. Not because I try to do exactly what they did—I live in a different century and in a different mentality, and I have a different "Weltanschauung"—but because I see myself as an "uomo universale" with various ways of expressing myself.

I would describe myself as somebody who tries to look at the world, to understand it and then to translate it into his art. My definition of art goes back to Hegel who speaks of the "sensual illusion of the idea". It is a theoretical definition of beauty. To my mind, the notion of "idea" has to be seen from a different angle. To me the idea can be the collective drama of a certain point in time of civilization or something of universal importance in a historic moment. It may also be the expression of the eternal questions of humanity (Eros, Thanatos, the Evil, Nature, the question of the existence of God). In my opinion, these are the main problems of art.

To my students I gave the following definition of architecture: the creation of a poetic framework for man's actions; poetry being what Hoelderlin meant when he said that poetry was the translation of the world into words. I could say that poetry in architecture is the translation of the world into living space, poetry in painting the translation of the world into flat surfaces by use of colour. According to this, sculpture would be the translation of the world into space. In all my works I have always strived for poetry, and if I was to find a link between my architecture, my painting and my sculpture, it would be poetry. I would describe myself best as a poet. A poet who designs architecture, a poet who paints and a poet who creates sculptures.

In art I find two important aspects: the form and the content.

"Form" means to visualize an idea in a way that it seems as distant and as difficult to find as beauty.

Dichter, der Bilder malt, und ein Dichter, der Skulpturen schafft.

In der Kunst gibt es für mich zwei wichtige Aspekte: Form und Inhalt.

„Form" bedeutet, die Idee in einer Weise zu visualisieren, daß sie weit entfernt und so schwer zu finden ist wie die Schönheit. „Inhalt" ist die ganze poetische Welt, von der ich gerade gesprochen habe. Kunst zu produzieren bedeutet, ein Kontinuum aus Form und Inhalt herzustellen. Jedes Kunstwerk ist zugleich der Künstler, der sich selbst, seine Innenwelt und seine inneren Probleme betrachtet.

Der große Künstler und Theoretiker Leone Battista Alberti sagte einmal, der Erfinder der Malkunst (und ich füge hinzu der Bildhauerei und Architektur) müsse Narziß gewesen sein, der in eine Blume verwandelt wurde.

Jedes Kunstwerk ist mehr oder weniger das Werk eines Narziß. Jeder Künstler legt in seine Schöpfung all die Schönheit seines Daseins, zum Beispiel bringt er in sein Werk die reflexive Verarbeitung einer Liebesbeziehung ein.

Ein anderes Moment des Künstlers ist sein inneres Chaos: In seinem Buch *Also sprach Zarathustra* sagte Nietzsche, „man muß noch Chaos in sich haben, um einen tanzenden Stern gebären zu können." Ich denke, daß der Künstler ein Mensch ist, der sein inneres Chaos ordnet und gestaltet.

Ich muß einen Unterschied zwischen meiner Architektur, meiner Malerei und meiner Bildhauerei machen. In den Bildern und den Skulpturen habe ich die Freiheit, Dinge zu sagen, die in der Architektur schwerlich ausgedrückt werden können. Architektur ist Lebensraum, und man sollte die Menschen, die darin wohnen, nicht so schrecklichen und problematischen Dingen wie Furcht oder Tragödien aussetzen. In der Architektur sollte es immer eine enge Verbindung zum Leben geben; sie sollte dem Menschen bei der Bewältigung des Lebens helfen. In der Malerei und Bildhauerei hingegen kann ich Dinge ausdrücken, die ich in der Architektur nicht zu sagen wagen würde.

Eines meiner Bilder stellt z. B. einen Koitus zwischen einer Frau und einem Skorpion dar. Irgendwie hat die Frau das Gesicht der *Jungfrau mit dem Kind* (Madonna von Brügge) von Michelangelo, was mit

"Content" means the whole poetic world of which I have just spoken. To produce art means to create a continuity of form and content. Each work of art is at the same time the artist himself who looks at himself, at his inner life and at his inner problems.

The great artist and theorist Leone Battista Alberti once said that the inventor of the art of painting (and I add of sculpture and architecture) must have been Narcissus who was transformed into a flower.

Every work of art is more or less the work of a Narcissus. Every artist puts all the beauty of his life into his creation and incorporates, for example, the reflexion on a love affair in his work.

Another problem of the artist is his inner chaos: Nietzsche said in his book *Thus spoke Zarathustra,* "one has to have chaos in himself to be able to give birth to a dancing star", and I think that the artist is somebody who orders and interpretes the chaos in himself.

I have to distinguish my architecture, my painting and my sculpture. In painting and sculpture I have the freedom to say things that can hardly be expressed in architecture. Architecture is room in which to live and should not expose people who live there to such terrible and dramatic things as fear or tragedy. Architecture should always be a link to life itself, it should help people to cope with their lives. Whereas in painting and sculpture I can express things that I would not dare to say in architecture.

For example, one of my paintings depicts coitus between a woman and a scorpion. In a way the woman's face resembles the face of the *Virgin and Child* (Bruges Madonna) by Michelangelo, which refers to heavenly things, and the scorpion is an animal of the underworld. I called the painting *Marriage between Heaven and Hell* (after the poem by Blake). It would be difficult to translate this into architecture.

I designed a building together with Renaud de la Noue, a college in Montreuil, which makes one think of two beasts. One is a male, the other a female beast, and it looks as if the male engulfed the female animal. This is the façade of the building. The structure of the entrance hall, its structure resembles a tree.

himmlischen Dingen zu tun hat, während der Skorpion ein Tier der Unterwelt ist. Ich nannte das Bild *Hochzeit zwischen Himmel und Hölle* (wie das Gedicht von Blake). Es ist schwierig, das architektonisch umzusetzen.

Gemeinsam mit Renaud de le Noue entwarf ich ein Gebäude, ein College in Montreuil, das einen an zwei Bestien denken läßt. Die eine ist männlich, die andere weiblich, und es scheint, als würde das männliche Tier das weibliche bedecken. Das ist die Fassade des Gebäudes. In der Eingangshalle nimmt die Struktur das Aussehen eines Baumes an.

Der Baum des Lebens ist natürlich ein Symbol des Lebens, das an der Rückseite des Gebäudes zu einer Schere wird. Die Schere ist ein Symbol des Todes.

Mit dieser Architektur habe ich versucht, Dualität in einer anderen Weise als in einem Gemälde auszudrücken. Mit dem Thema der Dualität habe ich mich auch in einer Skulpturenserie zum Janussymbol auseinandergesetzt. Z. B. war das Böse ein Thema in meinen Skulpturen – ich würde es aber niemals auf dem Gebiet der Architektur abhandeln.

Meine gesamte Kunst ist eine einzige Untersuchung auf dem Gebiet der Poesie, und daher würde ich mich am ehesten als Dichter bezeichnen.

Um die Diskussion über Sinn und Interpretation auf dem Gebiet der Architektur zu vereinfachen, möchte ich in den folgenden 5 Kapiteln über verschiedene Bedeutungsebenen sprechen.

The tree of life of course is a symbol of life which turns into a pair of scissors at the rear side of the building. The scissors are the symbol of death.

I tried to express duality in a different way than in the painting. I also did duality in a series of Janus in sculpture. Evil, for example, has been a theme in my sculptures which I would never use in architecture.

Anyway, all my art has been a research in poetry and I could define myself more than anything else as a poet.

And for making the discussion about meanings and interpretation in architecture easier I will speak in the following 5 chapters about different levels of meanings.

Der unmittelbare Inhalt

Ich schaue mir der Reihe nach fünf Darstellungen an.

Die erste Darstellung ist ein Mosaik in der Hagia Sophia in Istanbul. Auf den ersten Blick sehe ich eine in frontaler Position sitzende Frau mit einem Kind. Die Augen sind übermäßig stark durch sehr dicke, schwarze Striche betont. Vom goldenen Hintergrund geht ein eigenartig übernatürliches Licht aus. Dieses Licht, die hieratische Gestaltung der Körper, all das ist Ausdruck des byzantinischen Weltbildes.

Die zweite Darstellung ist eine Madonna von Cimabue. Auch hier sehen wir eine Frau mit einem Kind. Es ist eine gewisse Dreidimensionalität feststellbar. Eine große Milde geht von dieser Frau aus und ruft die Idee der Mutterschaft in Erinnerung, während die vorhin beschriebene Gestalt eine majestätische Haltung einnimmt. Der Körper, der länglicher und auch stilisierter ist, ist Ausdruck des Italien des 14. Jahrhunderts.

Betrachten wir nun eine Madonna von Botticelli: Im Rundbild Madonna del Magnificat sehen wir eine Frau mit einem Kind, die von fünf Engeln gekrönt wird. Im Hintergrund eine Landschaft, die sich am Horizont verliert. Die Personen nehmen eine statische Haltung ein. Es gibt keine Bewegung. Diese Welt ist meßbar, und die Perspektive ist perfekt. Das menschliche Wesen wird in seiner ganzen physischen Schönheit dargestellt. Botticelli bringt die Gesinnung des zu Ende gehenden 15. Jahrhunderts klar zum Ausdruck: die Wiederversöhnung des Menschen mit der Welt; der Mensch in seiner ganzen Pracht ist der Mittelpunkt der Welt.

Wenn ich mir dann die Frau mit den beiden Kindern von Renoir anschaue, sehe ich, daß sich auf dem Gemälde kleine Farbflecken überlagern. Jeder dieser Farbflecken geht in den danebenliegenden über. Dadurch entsteht eine sonderbare Vibration des Lichts, zu der es nur einmal am Tag zu einem bestimmten Zeitpunkt kommt. Nur sehr kurz fällt es auf Gegenstände und Menschen.

Ab dem Jahr 1870 bis ins 20. Jahrhundert kann man diesen sonderbaren optischen Effekt beobach-

The Immediate Content

I am looking at five representations, one after the other.

The first one is a mosaic of the Hagia Sophia in Istanbul. At first glance I see a woman with a child in a frontalized position; the eyes are emphasized through very thick black strokes; through the golden background the scene appears in a strange, supernatural kind of light. This light, the solemn attitude of the figures, all this reflects the Byzantine view of the world.

The second one is a Madonna by Cimabue. Also a woman with a child. The viewer notices a certain three-dimensionality. This woman conveys the impression of great mildness and brings the image of maternity to mind while the first rather manifests a dominant attitude. The more stretched and also more stylized body is a feature of 14th century Italy.

Let us go on to a Madonna by Botticelli: In the Madonna of the Magnificat, a woman with a child is surrounded by five angels crowning her. In the background a landscape stretches to the horizon. The figures are shown in a static position. There is no movement. Here the world can be measured and the perspective is perfectly kept. The human being is represented in all his physical beauty. Botticelli is the clear expression of the world in the late 15th century: the reconciliation between man and the universe. Man, in his splendour, stands at the center of the world.

And by taking a look now at this woman with two children by Renoir, I can see that the painting has been composed using small dashes of paint on top of each other. Each of these dashes merges with the one beside it thus creating a strange vibration of light which can only prevail at a certain time of day and not at any other. It is a passing light that illuminates objects and people.

This strange optical effect of merging dashes of colour can be found after 1870 up to the 20th century. Time treated in its temporariness is an element of the 19th century and Renoir is quite representative of this period.

ten, der durch ineinander übergehende Farbflecken hervorgerufen wird. Die Zeit, die in ihrer Vergänglichkeit dargestellt wird, ist typisch für das 19. Jahrhundert, und Renoir ist ein Kind seiner Zeit.

Die letzte Darstellung, die ich analysieren möchte, ist ein Detail aus Picassos Guernica. Auch hier sehen wir eine Frau mit einem Kind. Diesmal ist es ein totes Kind. Hier fällt auf, daß die Augen so gezeichnet sind, als ob sie von verschiedenen Punkten aus betrachtet würden. Das gleiche gilt für das übrige Gesicht und den Körper. Dem Ganzen ist das Gefühl der Tiefe abhanden gekommen, es reduziert sich auf die Zweidimensionalität der Bildfläche, so als ob sich die verschiedenen Gesichtspunkte gleichzeitig überlagerten. Die Auffassung von Raum und Zeit hebt sich von jener der anderen Darstellungen ab.

Die Darstellungen, die wir analysiert haben, stehen mit der Welt in Zusammenhang, die sie hervorgebracht hat. Sie haben eines gemeinsam: die Frau und das Kind. Das ist das, was Panofsky die primäre Bedeutung des Natürlichen nennt. In einigen Fällen ist es die Jungfrau, in anderen die bürgerliche Frau, die spazierengeht, oder die Frau aus dem Volk während des Spanischen Bürgerkrieges, die um ihr totes Kind trauert. Das ist das Thema der Gemälde: die Frau und ihr(e) Kind(er). Ich nenne das den unmittelbaren Inhalt, da er uns am nächsten und für uns unmittelbar am verständlichsten ist. Die gleiche Analyse ließe sich auf die Architektur anwenden.

Die Kirche Santa Sabina in Rom ist frühchristlich. Sie verkörpert die Armut und die Einfachheit einer Zeit, in der sich – das Römische Weltreich war gerade untergegangen – ein neues Weltbild durchsetzt: die christliche Demut.

Die Kathedrale von Reims wurde um das Jahr 1200 geplant. Sie ist eine nach oben, zu Gott weisende Säule, Ausdruck des Triumphes der Scholastik.

Die pflanzlichen Formen der Synagoge von Guimard unterstreichen die Priorität des Lebens gegenüber der Maschine – ein Wiederaufleben einer Bewegung des ausgehenden 19. Jahrhunderts.

Die Kirche Notre-Dame du Haut in Ronchamp von Le Corbusier läßt an heftige Bewegungen denken; dies aufgrund einer Reihe von gewundenen Körpern, aufgrund des Daches, dessen Schwere in

The last depiction to be analyzed is a detail of Guernica by Picasso. It also shows a woman with a child, this time a dead child. What comes as a surprise, is that the eyes are painted as if they were seen from different angles. The same applies to the other facial features and the body. Everything has lost the sensation of depth and has been reduced to the flatness of the canvas just as if the different angles were laid on top of each other at the same time. The concepts of space and time in this picture differ largely from those of the other representations.

Each of the depictions we have just analyzed refers to the world from which it stems but they all have one thing in common: the woman and the child. That's what Panofsky calls the primary significance of the natural. In some cases she would be a Virgin, in others a bourgeois woman taking a walk or a working-class woman during the Spanish Civil War mourning her dead child. This is the topic of the paintings: the woman and her child or children. I call it the immediate content because it is the nearest to us, the most immediately comprehensible. The same analysis can be made in architecture.

The Church Santa Sabina in Rome dates from the early Christian period. It has the poorness and simplicity of a time when, after the decline of the Roman Empire, a new view of the world was called for: Christian humility.

The cathedral of Reims was designed around the year 1200. It is a vertical pillar directed toward God, an expression of the triumph of Scholasticism.

The vegetal forms of the synagogue by Guimard stand for the primacy of life in the face of the machine—in recreation of a movement of the late 19th century.

The Le Corbusier Chapel Notre-Dame du Haut at Ronchamp suggests violent movement through a series of twisted volumes, through the heavy roof pulled downward by its own weight and finally through the tension of the windows in the wall. It is the expression of some aspects present in the world after World War II.

The chapel by Mies van der Rohe for the IIT at Chicago, a glass box with a visible metal structure, is a genuine product of technology.

die Tiefe zieht, und letztendlich aufgrund der Spannung in den Mauerfenstern – alles Aspekte der Nachkriegszeit.

Die Kapelle von Mies van der Rohe für das IIT in Chicago – ein Glaskasten mit einer sichtbaren Metallstruktur – ist wahrhaft ein Produkt der Technik.

Jede dieser Kultstätten spricht eine klare Sprache. Die Kirche Santa Sabina ist das Abbild einer Epoche, die neue formale Mittel fordert. Ihr ist ein Raumbegriff eigen, den nur die damalige Zeit hervorbringen konnte. Bei der Kathedrale von Reims finden wir eine andere ausdrucksstarke Form: Die Welt der Gotik. Guimard spiegelt mit seiner Synagoge den vitalistischen Kontext des ausgehenden 19. und beginnenden 20. Jahrhunderts wider. Le Corbusier und Mies van der Rohe schließlich erfinden lediglich eine formale Welt, die den Problemen ihrer Zeit entspricht.

In den meisten Fällen tritt in der Form das Thema des Tempels klar zutage. Bei von Mies van der Rohe findet diese Funktion aber keinen Ausdruck: Er wählt einen Glasquader, wie er es auch bei den anderen Gebäuden tut, die er in der Region gebaut hat.

Ich meine, daß der unmittelbare Inhalt in einem Gebäude vorhanden ist, wenn das Programm und die Funktion des Gebäudes in der Form Ausdruck finden. Wenn der unmittelbare Inhalt sichtbar ist, besitzt das Gebäude nicht nur eine Vielfalt der Formen, die jede innere Funktion ausdrückt, sondern die Formen unterstützen den Betrachter auch psychologisch dabei, sie mit der Funktion des Werkes in Verbindung zu bringen.

Der suggestive Sinn jeder Form trägt dazu bei, ihre Funktionalität zu beleuchten, das heißt, damit soll gezeigt werden, was das Gebäude eigentlich ausdrücken will. Wenn wir zu einem Kind sagen, es soll ein Haus zeichnen, so wird es Archetypen eines Hauses verwenden, die seinem kulturellen Umfeld entsprechen. In Europa wird dieses Haus im allgemeinen ein großes Dach mit zwei Schrägen und einen Rauchfang haben. Das ist das platonische Bild der Vorstellung „Haus". Ebenso hat eine Kirche für ein Kind einen Glockenturm, ein Hauptschiff und vielleicht irgendwo ein Kreuz.

Es gibt ein archetypisches Bild, mit dem wir gewisse Gebäude in Verbindung bringen. Der unmit-

Each of these places of worship comes in an expression of clear language. Church Santa Sabina is the image of a period which calls for new formalisms. There is a notion of space that only this period could inspire. Reims has a different expressive form which refers to the Gothic world. Guimard and his synagogue are marked by the vitalist context of the late 19th and the beginning of the 20th century. And Le Corbusier and Mies van der Rohe do nothing but invent a formal world which is adquate to the problems of their time.

In most cases the theme of the temple clearly emerges from the form. In Mies van der Rohe's, this function is not being expressed: it is a glass cube as the other buildings he built in the area.

I would say that the immediate content exists in a building if its programme, its function are being expressed by the form. If the immediate content is visible, the building not only has a voluminous richness able to express every internal function, but its forms psychologically help the viewer to associate its function. The suggested meaning of each form helps to clearly recognize its function, i.e. the proper expression of the building. If we ask a child to draw a house, there will be archetypes of houses identifying the child's cultural universe. In Europe, in general, the house will have a big roof with gables and a chimney. This is the Platonic image of the idea "house", just as a church for a child would have to have a belltower, a big nave and maybe a cross somewhere in the drawing.

There is an archetypical image with which we associate certain buildings. The immediate content brings the building closer to this primary image. Just as in the poem by Gertrude Stein, *A rose is a rose is a rose,* in the expression of the immediate content a church is a church is a church and a house is a house is a house…

And a museum does not look like a refinery, nor does an office building look like a temple, nor a station like Notre-Dame de Paris.

The house in ancient Greece was designed in a way that its volumes expressed all internal functions, from the most to the less important. At the entrance, a courtyard led to the rooms of equal importance. The living room at the back of the

11

telbare Inhalt nähert das Gebäude an dieses primäre Bild an. Wie beim Gedicht von Gertrude Stein *Eine Rose ist eine Rose ist eine Rose ist* – will man den unmittelbaren Inhalt zum Ausdruck bringen – eine Kirche eine Kirche und ein Haus ein Haus …

Ein Museum sieht nicht aus wie eine Raffinerie, ein Bürogebäude nicht wie ein Tempel und ein Bahnhof nicht wie Notre Dame in Paris.

Das alte griechische Haus war so gestaltet, daß die Volumen sämtliche innere Funktionen ausdrückten, die wichtigsten Funktionen und die weniger wichtigen. Von einem Eingangshof kam man in die einzelnen Räume, die gleichwertig waren. Am Ende des Hofes befand sich der Salon, der größer war, denn er war der Raum, in dem man sich versammelte und in dem man Personen empfing. Die Ausdrucksstärke dieses Raumes mußte natürlich anders sein als die der übrigen Räume. Man hat also das Dach auf der Hofseite angehoben und mit einem Giebel versehen und diesem Raum damit eine besondere Würde im Vergleich zu den anderen Zimmern des Hauses verliehen. Das Tympanon mit den Säulen wurde immer mehr zum Symbol für das Haus. Es ist also nicht verwunderlich, daß das Tympanon auch beim griechischen Tempel verwendet wird – sogar noch prachtvoller. Denn der Tempel selbst – das haben wir vorhin festgestellt – ist das Symbol für das Haus, für das Haus Gottes. In den alten griechischen Wohnstätten kommt die Bedeutung der Räume klar zum Ausdruck, und der unmittelbare Inhalt wird offensichtlich.

Palladio wurde im 16. Jahrhundert im Geiste des Humanismus erzogen: Er befaßte sich mit der Welt des alten Rom und begeisterte sich für das alte Griechenland. In jener Zeit durchlebten die Kaufleute Venedigs eine wirtschaftliche Krise. Die großen venezianischen Familien wendeten sich der Landwirtschaft zu und versuchten ein Maximum aus diesem neuen Tätigkeitsbereich herauszuholen. Palladio schaffte dank seiner außergewöhnlichen Intelligenz eine neue Art von Architektur für diese neue Gruppe der „Gentlemen-Farmer". Er läßt wahrhafte Produktionseinheiten errichten, Wohn- und Arbeitsraum gehen ineinander über, für Dekoratives ist wenig Platz. Der Wohnraum befand sich in der Mitte, links und rechts davon war der Arbeitsbe-

courtyard was bigger as it represented the meeting and reception space. This space could not be given the same expressive value as the other rooms. Thus, its roof was elevated and surmounted by a tympanum on the side of the courtyard, which gave it more diginity in comparison with the other rooms of the house. This tympanum with its columns eventually became the symbol of the house itself. It is not surprising that the Greek temple also uses this element, even though in a richer way. As we have just seen, the temple is again the symbol of the house, the house of God. In Greek antiquity, the importance of spaces is clearly indicated and the immediate content becomes evident.

In the 16th century, Palladio was educated in the humanistic tradition: he studied the world of ancient Rome and was a passionate lover of ancient Greece. In this period the Venetian merchants underwent an economic crisis and the wealthy families of Venice applied themselves to agriculture trying to yield the greatest possible gain. Palladio, an extremely intelligent personality, created a new genre of architecture for all these new "gentlemen-farmers". He designed real production units, housing workrooms and living space at the same time, where decoration was attributed very little space. The living space was situated in the center flanked by the production units on either side. Palladio gives the central part a dominant position. The residence of the owners is not only situated in the center, it is also more prestigious.

In the Villa Barbaro at Maser the spirit of ancient Greece becomes obvious. In the center there is a beautiful tympanum with four columns. The tympanum signifies the manor house.

On either side, in a harmonious and more modest set-up, there are two wings housing agricultural tools and animals. As the living space lies on a higher level, there is a good view on the surrounding fields. This was a perfect environment for the Venetian seafarers who had changed into noblemen of the country. At the rear side, in the axis of the entrance, a nymphaeum with Greek gods recalled the humanistic education of the owners. Speaking with Ackermann, it brings two worlds together by linking the life of the aristocracy with

reich angeordnet. Dem mittleren Teil, wo die Eigentümer wohnen, verleiht Palladio mehr Gewicht: Dieser Teil befindet sich nicht nur in der Mitte, sondern er ist auch um einiges ansehnlicher.

In der Villa Barbaro in Maser findet man den Geist des alten Griechenland. In der Mitte erhebt sich ein sehr schönes Tympanon mit vier Säulen. Das Tympanon zeigt an, daß es sich um ein Herrschaftshaus handelt.

Links und rechts davon – auf rhythmischere und bescheidenere Art und Weise angeordnet – befinden sich die beiden Flügel für die Wirtschaftsgebäude, die die landwirtschaftlichen Geräte und das Vieh beherbergen. Da der Wohnraum höher liegt, hat man einen Ausblick auf die umliegenden Felder. Das war ein perfekter Rahmen für die venezianischen Seeleute, die Edelleute des Landes geworden waren. Dahinter, auf der Achse des Eingangs, erinnert ein Nymphäum mit griechischen Göttern an die humanistische Bildung der Eigentümer. Wie Ackermann sagt, verbindet der Humanismus zwei Welten miteinander, und zwar die Welt der Aristokratie und die Welt der Landwirtschaft. Durch Palladios Konzept ergibt sich eine neue Art, Villen zu gestalten. Eine Art, die Palladio mit einigen Variationen bei den Villen Emo, Badoer, Trissino oder Thiene fortsetzt. In all diesen Villen kommt der unmittelbare Inhalt klar zum Ausdruck.

Dieses Spiel mit dem unmittelbaren Inhalt ist auch in der Architektur Alvar Aaltos zu finden. Einer der Schwerpunkte seiner Formgebung ist es, das Innenleben seiner Gebäude klar zum Ausdruck zu bringen. Aalto hat in Helsinki das Kulturhaus gebaut. Zwei Elemente waren bei diesem Werk ausschlaggebend: ein großes Auditorium und die Büros.

Der Teil des Auditoriums hat eine sehr freie, sehr organische Form, die versucht, das vorhandene Grundstück bestmöglich auszunützen und dem Innenraum die größtmögliche Fläche zu verschaffen. Die äußere Form gibt Aufschluß über die Raumordnung im Inneren. Selbst die Vorführkabine und die Plätze für das Publikum sind aus der äußeren Form ersichtlich.

Im Inneren fallen die strukturellen Elemente in Richtung Bühne ab. Die linearen Elemente des Plafonds zeigen ebenfalls in Richtung Bühne. Die Mauer-

the productivity of the country. This concept of Palladio's introduces a new way of designing villas that he repeats with a few variations in the villas Emo or Badoer, Trissino or Thiene. In all these villas, the immediate content finds its perfect expression.

This concept of the immediate content can also be found in the architecture of Alvar Aalto. One of the pillars of his aesthetics is the clear expression of the internal life of his buildings. In Helsinki, Aalto built a house of culture. This building features two essential elements: a big auditorium and the offices of the administration.

The auditorium portion has been given a rather free, organic form to make the best use of the space available and create the largest surface possible inside. The external form perfectly reveals the internal disposition of space. Even the projection cabin and the seating can be read off the outer form.

In the interior, the structural elements are descending, pointing downwards thus leading to the stage. The linear elements of the ceiling are also directed toward the stage. The wall surfaces on both sides create a design pointing in the same direction. The tension in the space makes the eye of the viewer wander to the focal point of attention. The outer forms of this part of the building are curved, organic forms.

The office portion however uses a different formal system. The offices which are treated with the same delicacy are housed in a rectangular building that would not be distinguishable from any other office building, if it was not for the meticulously designed details on the outer side of the building. Sometimes Alvar Aalto seems to prefer details thus neglecting the overall impression. The extremely well designed pergola does not hide the fact that the relation between offices and the auditorium is not the most convivial. Aalto preferred to sacrify the general composition to a sincere expression of the functional aspects.

oberflächen lassen auf beiden Seiten ein Spiel entstehen, das ebenfalls auf den gleichen Punkt hinausläuft. Spannungen im Raum lenken das Auge des Betrachters zu diesem Punkt, in dem die Aufmerksamkeit kulminiert. Die äußeren Formen dieses Gebäudeteils sind gewölbt und organisch.

Der Teil hingegen, in dem sich die Büros befinden, hat ein anderes Formensystem. Die Büros, denen gleich große Aufmerksamkeit geschenkt wurde, befinden sich in einem rechteckigen Gebäude, das sich von einem beliebigen Verwaltungsgebäude in nichts unterscheidet, würde nicht den Details in der Außengestaltung des Gebäudes so große Bedeutung beigemessen. Manchmal hat man den Eindruck, daß Alvar Aalto den Details und nicht dem Ensemble den Vorzug gibt. Trotz der sehr gelungenen Pergola zwischen den beiden Gebäuden ist das Zusammenspiel zwischen Büros und Auditorium nicht optimal. Aalto hat es vorgezogen, die Gesamtkomposition zugunsten eines klaren Ausdrucks der Funktionen zu opfern.

Die Überzeugung

Dieser Aspekt des Inhalts steht meistens mit der Malerei und der Bildhauerei in Zusammenhang. Die Notwendigkeit zu überzeugen, veranlaßt den Architekten, über seine Grenzen hinauszugehen und in die Wandmalerei und Bildhauerkunst vorzudringen. Man könnte sagen, daß diese Überzeugung dann gegeben ist, wenn der Architekt versucht, den Betrachter von einer besseren Nutzungsmöglichkeit zu überzeugen. Sämtliche formale Mittel werden eingesetzt, damit der Raum Überzeugung suggeriert. Der Architekt entwickelt eine Psychologie des Raumes, um davon zu überzeugen, diesen „besser zu erleben".

Eine andere Form der Überzeugung ist gegeben, wenn der Architekt unter Zuhilfenahme aller seiner Möglichkeiten des Ausdrucks versucht, den Betrachter von irgendeiner Idee zu überzeugen, sei es eine politische, religiöse oder kommerzielle Idee. Alle dem Architekten zur Verfügung stehenden Mittel – psychologische Mittel eingeschlossen – können eingesetzt werden, um diese Ideen so klar wie nur möglich zu vermitteln. Der Architekt muß ein Experte sein, was die Ausdrucksmöglichkeiten der visuellen Sprache anlangt, damit alles klar und ohne Unklarheit zum Ausdruck kommt. Das erste Beispiel, das wir gewählt haben, ist eine der großen byzantinischen Kirchen in Ravenna, die Sant'Apollinare in Classe.

Wenn man die Kirche betritt, wird man von einem Rhythmus erfaßt, der sich verstärkt und der durch die Wiederholung der Bögen und Säulen sowie durch die Aufeinanderfolge der Männer und Frauen hervorgerufen wird, die in den Wandmosaiken auf der linken und rechten Seite des Hauptschiffes dargestellt sind. Die Personen werden stehend gezeigt, sie sind eng aneinander gedrängt und nehmen eine hieratische Haltung ein, was ein beinahe photographisches Bild entstehen läßt. Es entsteht eine Bewegung in Richtung Altar. Die Person, die in die Kirche eintritt, hat den Eindruck, von dieser beschleunigten räumlichen Bewegung mitgerissen zu werden. Alles endet im Absoluten, dessen Symbol

Persuation

This aspect of content is mostly associated with painting and sculpture. Given the need to persuade, the architect wishes to go beyond his limits by employing murals and sculptures. One could say that persuasion is the expression of the architect's desire to induce the viewer to a more thorough useage of the building. All formal means are applied to make the viewer feel that the space has persuasive power. The architect develops a psychology of space to convince people to "live it better".

Another kind of persuasion would be given if the architect, by using all expressive means available to him, tried to convince the viewer of a concept, be it a politicial, religious or commercial concept. All means available to the architect including psychological means can be used to put these concepts across in the clearest possible way. In order to explain everything without ambiguity, the architect has to have a perfect knowledge of the possibilities that visual language offers. Our first example is one of the great Byzantine churches in Ravenna: San Apollinare in Classe.

When entering San Apollinare, the viewer is captured by a rhythm which becomes faster and faster and is conveyed by the repetition of arches and columns as well as by a series of men and women on the mural mosaics on both sides of the nave. The closely connected figures are standing in a solemn position, which creates an almost cinematographic vision of the scene. There is a movement toward the altar. Entering the church, one feels literally seized by this accelerated movement of space. All culminates in the absolute of which the altar is the symbol. The same intentions are obvious in San Clemente in Rome.

In the Gothic cathedral of Reims the problem of expression is completely different. The interior and the exterior of the cathedral are treated with the greatest simplicity: very fine lines form the space. The whole building is based on lines pointing to the sky. Pointed elements form arrows thus conveying a sensation of height. Even the wings of the angels on

der Altar ist. Die gleichen Intentionen sind in der Kirche San Clemente in Rom zu beobachten.

Bei der gotischen Kathedrale von Reims sind die drei in Relief ausgeführten Portale mit jenen von Saintes vergleichbar, obwohl sie Spitzbögen und keine Rundbögen haben. Ebenso schafft die Aufeinanderfolge von perspektivisch dargestellten Bögen eine Spannung in Richtung Innenraum. Weniger dramatische Dekorationselemente – zum Beispiel der weiche Ausdruck der Jungfrau am Türpfeiler – laden dazu ein, einzutreten. Die ganze Kirche lädt also ein zu einem vertikalen Streben hin zum Spirituellen, mit Ausnahme der horizontalen Bewegung, die zur Tür führt und den Betrachter einlädt, einzutreten. Die Überzeugung einzutreten, die wir in Notre Dame in Saintes gesehen haben, wird zu einem Leitmotiv der gotischen Kirche in Frankreich. Aber nicht nur im Mittelalter wird dieses Mittel verwendet; wir finden es auch bei den Gebäuden des 20. Jahrhunderts.

Zum Beispiel bei einem Geschäft, das von Frank Lloyd Wright in San Francisco geplant wurde. Er, den die gotischen Kathedralen immer schon fasziniert haben, übernimmt hier das Beispiel von Notre Dame in Saintes und verwendet das gleiche System. Das Geschäft sieht folgendermaßen aus: eine große Ziegelwand ohne Fenster, die nicht verrät, wie der Innenraum aussieht. Wenn man das Gebäude auf der rechten Seite unten betrachtet, erkennt man eine horizontale Linie, die durch Lichtpunkte erzeugt wird und zum Tunnel am Eingang führt. Wie beim romanischen Portikus erzeugt auch hier eine Überlagerung von Bögen aus Ziegelsteinen den gleichen Effekt. Die Linie, die vom unteren Teil der Fassade ausgeht, dreht sich und dringt in das Gebäude in Form einer kontinuierlichen Bewegung ein.

Nach den Bögen setzt der Tunnel aus Glas und Metall den Rhythmus in Richtung Innenraum fort und offenbart aufgrund seiner Durchsichtigkeit das Innere. Während andere Geschäfte ein für allemal offen sind und den Innenraum zutage treten lassen, spielt Frank Lloyd Wright hier mit dem Raum auf brillante Art und Weise. Er schließt die Fassade und deutet zur gleichen Zeit eine so starke und intelligente Bewegung zum Eintreten an, daß der Überzeugungseffekt um vieles stärker ausfällt.

the arched buttresses underline this impression just as the pointed elements of the portals. Here the walls become lines, they no longer give the impression of solidity but of some kind of immaterial filter. The three portals in relief can be compared to those of Saintes cathedral although they have pointed arches and not round ones. A succession of arches creates a tension drawing the viewer inside. Less dramatic decoration elements invite one to enter the building: here it is the mildness of the Virgin of the doorpost. The whole church invites to an ascent to the spiritual, apart from the horizontal movement leading to the door and inviting the viewer to step inside. This persuasion to access which we have equally seen in Notre-Dame de Saintes, becomes a leitmotif of the French Gothic. But these motives have not only been used in the Middle Ages but are also found in buildings of the 20th century.

This is the case of a boutique designed by Frank Lloyd Wright in San Francisco. Here, the designer who has always been fascinated by Gothic cathedrals turns to the example of Notre-Dame de Saintes and uses the same system. The boutique shows first a plain brick wall without windows hiding the interior. Looking at the right hand side of the building and toward the bottom, one makes out a horizontal line of light points leading to the entrance tunnel, just as in the Romanesque portico where the superposition of brick arches creates the same effect. Emanating from the bottom of the façade, the light points turn and lead into the building in a continuous line.

Behind the arches, a glass and metal tunnel reproduces this rhythm toward the inside and, by its transparence, reveals the inner space. Whereas other shops are open once and for all and their whole interior is on display, Frank Lloyd Wright, playing with space so brilliantly, closes the façade and at the same time creates a tension that is strong and intelligent enough to pull the viewer inside, so that the persuasive effect becomes much stronger.

The richest example to illustrate this aspect of persuasion is baroque art, through which clerical power wishes to make life adapt to its principles. Devotion has to be inspired by all means. To

Das beste Beispiel, den Aspekt der Überzeugung aufzuzeigen, ist die barocke Kunst, mit Hilfe derer die kirchliche Macht einen Wandel der Lebensführung hervorrufen will, die mit ihren Grundsätzen im Einklang steht. Das Hauptziel ist, zur Frömmigkeit anzuhalten. Um das zu tun, muß eine neue Ikonographie der Heiligenviten in den Kirchen geschaffen werden, um Beispiele zeigen zu können und die Gläubigen dazu aufzufordern, diesen Heiligen nachzueifern. Der Weg in den Himmel ist offen für neue Helden. Alle plastischen Mittel der Architektur müssen die Gläubigen dazu bringen, sich diesen Mittlern zwischen Himmel und Erde zuzuwenden. Es ist vor allem notwendig, Überraschung und Begeisterung hervorzurufen. Daher muß es eine Kunst geben, die zu Pietät auffordert und die den Gläubigen dazu bringt, an Wunder zu glauben. Eine Kunst, die großes Erstaunen und eine wirkliche Begeisterung hervorruft. Man versucht, die Mystik aufzuwerten.

Bei der Kirche Sant'Andrea al Quirinale von Bernini in Rom ist diese Absicht zu erkennen. Wenn man vor dem Hauptportal der Kirche steht, tritt der erste Aspekt der Überzeugung offen zutage. Auf beiden Seiten des Portalvorbaues laden zwei gewölbte Mauern, die niedriger als das Gebäude sind, den Besucher dazu ein einzutreten. Um die eigentliche Eingangstür herum schaffen architektonische Elemente eine doppelte Spannung: Man hat den Eindruck, gleichzeitig einzutreten und hinauszugehen. Es dominiert aber die Absicht, in das Gebäude vorzudringen, eine Absicht, die von sämtlichen Elementen betont wird.

Im Inneren haben wir es mit einer völlig anderen Intention zu tun. Hier will man uns von der Tatsache des Übernatürlichen überzeugen.

Der Altar befindet sich am Ende des ovalen Kirchenschiffes in einer Kapelle, wo spektakuläre Lichteffekte die Darstellung des Martyriums des Heiligen Andreas beleuchten. Der Heilige Andreas ist von plastischen Engeln umgeben, die in einem Lichtraum schweben. Auf dem Altar – in der Vertikalen – ist die Seele des Heiligen plastisch dargestellt, wie sie in den Himmel auffährt. Die Kuppel hat die Form von Lichtstrahlen, die, da sie von oben kommen, ein himmlisches Licht schaffen. Die Kuppel ist vergoldet, und an ihrer höchsten Stelle gibt es eine Öff-

accomplish this, a new iconography of the vita of Saints must be created within the churches to show the faithful their examples and encourage them to imitate them. The stairway to heaven is open to these new heroes. All means of architectural sculpture will have to make the faithful turn to these mediators between heaven and earth. Surprise and vitality have to be created. This is why an art which stimulates piety, which encourages the faithful to believe in miracles, is necessary, an art which has to inspire strong astonishment, a truely fervent faith. The overall intention is to enhance mysticism.

Bernini's church Sant'Andrea al Quirinale in Rome is a good example to back this argument. From the outside, seen from the front, the first aspect of persuasion is evident: on either side of the porch, two curved walls lower than the building invite the visitor to step inside. Around the proper entrance architectural elements create a double tension: the simultaneous impression of leaving and entering the building. But the intention to encourage the visitor to enter the building, suggested by all these elements, is dominant.

Inside, there is a completely different intention. We have to be convinced of the reality of the supernatural.

The altar of the chapel is situated at the back of the oval nave, where spectacular light effects illuminate the depiction of the martyr Saint Andrew. He is surrounded by sculpted angels which float in an illuminated space. On top of the altar, in the vertical, there is a sculpture of the Saint's soul ascending to heaven. The dome itself has the form of light beams which, emanating from the top, emit a celestial light. It is gold-plated and in the top there is an opening framed by a decoration of little angels which guard the entrance to heaven. At the highest point culminates a representation of the Holy Ghost. The church offers the most realistic depiction of the martyr and the ascent of the soul. Bernini has used all sensual elements possible to convince the viewer of the reality of the scene.

This second aspect of persuasion will be illustrated by another example, dating from the 20th century: the crematorium in Stockholm, a brilliant work of art by Asplund and Lewerentz.

nung. Sie ist umgeben von kleinen Engeln, die den Eintritt in den Himmel symbolisieren. An der höchsten Stelle befindet sich der Heilige Geist. Die ganze Kirche stellt das Martyrium und die Himmelfahrt der Seele auf äußerst realistische Weise dar. Bernini hat alle nur möglichen Elemente der Sinne verwendet, um den Betrachter von der Wirklichkeit der Darstellung zu überzeugen.

Wir möchten den zweiten Aspekt der Überzeugung anhand eines weiteren Beispiels, diesmal aus dem 20. Jahrhundert, aufzeigen: das Krematorium von Stockholm, ein außergewöhnliches Werk von Asplund und Lewerentz.

Das Gebäude und die Landschaft formen eine untrennbar miteinander verbundene Einheit. Sie können sich nur in Verbindung miteinander ausdrücken. Die künstliche Landschaft wurde zu einem Kunstwerk umgestaltet. Das Gefühl eines Raumes ohne Grenzen breitet sich aus. Ebenso wie in Versailles hat man hier den Eindruck, daß sich alles im Unendlichen verliert. Hier aber ist die Landschaft von Melancholie und Traurigkeit geprägt. Beginnen wir die Beschreibung mit der Außenseite des Friedhofes. Er ist von einer Mauer aus großen, grauen Steinen umgeben. Eine Maueröffnung führt zu einem Weg, der leicht ansteigt. Auf der linken Seite umgibt eine Mauer jenen Bereich, wo sich die Gräber mit den Urnen befinden. Fast am Ende des Abhanges erhebt sich auf der rechten Seite ein schwarzes Kreuz, das dem ganzen Raum christliche Bedeutung gibt und gleichzeitig den Tod symbolisiert.

Von diesem Weg aus sieht man – unmittelbar nach dem Kreuz – die Eingangshalle. Das Dach dieser Halle hat vier Schrägen, die sich von außen nach innen neigen und so einen offenen Hof schaffen. In der Mitte befindet sich eine Skulptur, die den Höhepunkt des Ensembles darstellt. Der untere Teil der Skulptur stellt einen Toten dar. Daran reihen sich Körper, die sich nach und nach erheben – eine Aufeinanderfolge von Momenten, angefangen vom Tod bis hin zum Moment, wo dargestellt wird, wie die letzte Skulptur mit erhobenen Armen durch die Öffnung des Patio hindurch die Reise in den Himmel antritt. Wenn wir nun auf die rechte Seite des Eingangs zurückkehren, sehen wir die Landschaft, die sich von einem Hügel in Richtung dieses Zentrums

Building and landscape form an indissoluble unity: both are dependent on each other. The artificial landscape has been modelled into a work of art. A sensation of unlimited space emanates from it. Like in Versailles, everything gives the impression to be lost in infinity, but here, the landscape is steeped in melancholy and sadness. I will beginn the description starting from the outside of the cemetery. A large grey stone wall surrounds it, an opening in the wall emits a sloped path which ascends slightly. On the left hand side a wall encloses the tombs where the urns are buried. Almost at the very end of the slope, on the right hand side, a black cross emerges, giving the space a Christian meaning and symbolizing death at the same time.

From this path, immediately behind the cross, one can see the entrance hall. The roof of this hall slants on four sides to the inside thus creating an open-air courtyard. In its center stands a monument, the culmination point of this dramaturgy. The lower part of the monument depicts a dead person, followed by a series of bodies, each in a more upright position than the previous one, suggesting a succession of moments from death up to the final point where the sculpture, its hands pointing upward, ascends through the opening of the patio into heaven. Going back to the right side of the entrance, we see the landscape sloping down from a hill to this center, full of intenseness, where the drama takes place. Asplund's ambition was to create a movement of the whole space towards this passing point from one life to the other. This is a very good example of architecture which demonstrates that there is life after death by integrating the natural surroundings into this passage. In the architecture of our century, the Stockholm crematorium, from the aspect of persuasion, is a very good example. It could also have been of good use to illustrate the immediate content: no matter from which angle we look at the building, all of its functions are in perfect hierarchic order and comprehensible.

Strangely, in the 20th century, the effect of persuasion becomes obvious in a number of buildings which have nothing to do with what I call a work of art, but serve a commercial purpose. In New York, one cannot say that the buildings around Time

neigt, ein Zentrum, das voller Intensität ist und wo sich das Drama abspielt. Asplund wollte, daß der ganze Raum sich in Richtung dieses Übergangs von einem zum anderen Leben bewegt. Es ist ein sehr schönes Beispiel Architektur, um zu zeigen, daß es nach dem Tod ein Leben gibt. Die gesamte Natur wird in den Dienst dieses Übergangs gestellt. In der Architektur unseres Jahrhunderts ist das Krematorium in Stockholm – vom Aspekt der Überzeugung aus betrachtet – beispielgebend. Es hätte uns sehr gut auch dazu dienen können, den unmittelbaren Inhalt aufzuzeigen: Sämtliche Funktionen sind vollkommen hierarchisch gegliedert und verständlich, von welchem Punkt aus man das Gebäude auch betrachtet.

Auf wundersame Weise kann man im 20. Jahrhundert den Effekt der Überzeugung bei Gebäuden beobachten, die meinem Empfinden nach keine Kunstwerke, sondern Geschäftsgebäude sind. In New York zum Beispiel sind die Bauten, die den Time Square umgeben, nicht gerade Meisterwerke. Sie sind für mich aber aufgrund der riesigen Reklame- und Werbeaufschriften interessant, die sich oft über mehrere Etagen erstrecken. Es sind hier nicht mehr die Gebäude, die Raum schaffen, sondern die blinkenden Leuchtreklamen, die den urbanen Raum aufgrund ihrer Intensität produzieren. Darüber hinaus bewegt sich der Raum und ändert sich aufgrund der zufälligen Bewegungen der Leuchtschriften, die – je nach Moment – mehr oder weniger intensiv ausfallen. Das ist einer der interessantesten Wesenszüge des Stadtbildes von New York. Eine solche Fülle von Profanem an einem Ort schafft eine neue ästhetische Dimension. Man könnte die Überzeugung durch Architektur noch weiter analysieren und Beispiele von Las Vegas anführen, die wieder anders sind. Man kann sich gar nicht vorstellen, wie viele Tricks und Raffinessen geschäftstüchtige Leute hier anwenden, um die Kunden dazu zu bringen, der Versuchung des Spiels nachzugeben. Natürlich überwiegt hier der profane Aspekt und nicht die ästhetische Intention.

Trotz zahlreicher Beispiele, die in der Lage sind, den Aspekt des Inhalts in der Architektur aufzuzeigen, fehlt die Überzeugung oft in der Intention des Künstlers und stellt keine Conditio sine qua non für das architektonische Schaffen dar.

Square are real masterpieces, but in this context they are of some interest because of their enormous signs which sometimes run over a few stores. Here, it is no longer the buildings that create the space but these boxes, illuminated or not, which generate the urban space by their intensity. Moreover, space is moving, changing at an irregular speed, more or less bright, adapting to the rhythm of advertisements. In the urban space of New York, this is one of the most interesting features. So much profanity in one place can bring about a new aesthetic dimension. One could carry on this analysis of persuasion bringing in even more examples, e.g. Las Vegas: it is hard to imagine all the tricks of the trade that are used here to make customers succomb to the temptation of gambling. In this case, of course, the aspect of profanity largely overrules the aesthetic ambition.

Although there are countless examples to illustrate this aspect of content in architecture, persuasion is often far from the artists mind and is no indispensable prerequisite of architectural creation.

Die Tradition

Der dritte Aspekt des Inhalts, nämlich die Tradition, verbindet die Künstler sehr oft miteinander. Wenn man nun darüber diskutiert und zu klären versucht, ob Straßburg eine deutsche oder eine französische Stadt ist, ob Toledo die spanischste Stadt Spaniens ist, so muß man zugeben, daß sich eine gewisse Geisteshaltung in den Formen niederschlägt. Wenn man – in der Malerei – sagt, daß El Greco von der byzantinischen Tradition abgeht und sich der spanischen zuwendet, dann deshalb, weil es in seinen Bildern etwas gibt, was als spanisch bezeichnet werden kann.

Man kann von römischer Architektur und von klar erkennbaren Merkmalen sprechen, die dem Pantheon in Paris und der Kirche San Pietro in Montorio von Bramante oder den Thermen des Diokletian und der Peterskirche gemein sind. Bei all diesen Beispielen finden sich Gemeinsamkeiten, eine gewisse Art, den Raum zu organisieren, und ein vergleichbarer Geschmack bei gewissen Formen.

Wenn ich nun von Tradition spreche, meine ich damit nicht Volkskunst. Es geht nicht darum, einen bestimmten Typ nachzuahmen oder die Volksarchitektur zu kopieren. Echte Tradition hat es nicht notwendig, Eindruck zu schinden und die Architektur der Vergangenheit zu imitieren, denn das wäre Akademismus. Die Tradition ist immer kreativ. Wenn sie auch Neuerungen einführt, so bewahrt sie gleichzeitig gewisse Dinge, die sie mit der Vergangenheit verbinden.

Das ist ein Element, das über das Individuelle hinausgeht. Der Geist, der die Kultur eines Volkes prägt, ist eine Eigenschaft, die entsprechend dem Verhältnis des Menschen mit seiner Umwelt und entsprechend dem zwischenmenschlichen Verhältnis variiert. Die Organisation, der Glaube, die Ernährungsgewohnheiten, die Geschichte einer Gruppe, all diese Elemente schaffen psychologische Konstante bei den Menschen eines bestimmten Gebietes.

Die Tradition ist nun jenes Element in dieser Kultur, die jeden kreativen Akt prägt. Die Gotik ist sicherlich eine europäische Bewegung, aber sie ist

Tradition

Tradition, the third aspect of content, often is what artists have in common. If we try to find out if Strasbourg is a German or French city, if Toledo is the most Spanish city of Spain, we have to admit that a certain quality manifests itself in the form. In painting, if we say that El Greco turns away from the Byzantine tradition and becomes more attached to Spain, we want to express that in his painting, there is something that can be called Spanish.

One can speak of Roman architecture, of its evident characteristics which the Pantheon in Paris and San Pietro in Montorio by Bramante, or the thermal baths of Diocletian and St. Peter's cathedral have in common. These examples show common elements in the way space is arranged and a similar preference for certain formal aspects.

When I speak of tradition, I do not mean folklore: I do not mean the reproduction of a typical set of forms nor the copy of popular architecture. Real tradition does not want to impress and does not need to copy the architecture of the past, this would be academic. Real tradition is always creative, but innovation and conservation of certain things linking it to the past march side by side.

This is an element which exceeds the individual. The quality that marks the culture of a nation is a way of thinking and doing which depends on the relation between man and his environment, between man and fellowman, on the organization of groups, their beliefs, their food, their history. All these elements create psychological constancy among the people of a certain area.

In this sense, tradition would be the element of a culture that marks the act of creation. The Gothic style may be a European movement but it is not the same everywhere: if there is a French Gothic, there is also a Spanish and an Italian, each of them influenced by the qualities of their own country. The differences between the Palace of Justice in Rouen and the Ducal Palace in Venice are clearly visible, just as those between the cathedral of Siena and the one of Ulm.

nicht überall gleich. Es gibt eine französische Gotik, wie es eine spanische und eine italienische Gotik gibt, wobei jede vom Geist des eigenen Landes gekennzeichnet ist. Die Unterschiede zwischen dem Justizpalast in Rouen und dem Dogenpalast in Venedig sowie zwischen dem Dom von Siena und dem Münster von Ulm sind klar erkennbar.

Die Gotik stellt eine internationale Strömung zu einem gewissen Zeitpunkt der westlichen Kultur dar, geprägt von spezifischen Merkmalen jedes Landes, die die lokale Kultur widerspiegeln. Von diesem Gesichtspunkt aus könnte man auch die Unterschiede zwischen dem Farnese-Palast und Schloß Chambord oder zwischen Horta und Sullivan sehen.

Man kann sagen, daß eine Tradition zu einem bestimmten Zeitpunkt in einem Land entsteht, und zwar dann wenn die lokale Kultur Merkmale aufweist, die stark genug sind, Ausdruck und Kontinuität zu gewährleisten. Es gibt sehr alte Traditionen – wie die chinesische oder die römische –, aber auch solche, die jüngeren Ursprungs sind: die Tradition der Vereinigten Staaten zum Beispiel.

Eine Tradition endet, wenn die lokale Kultur schwächer wird. Das ist der Fall bei der altägyptischen und altgriechischen Tradition, und das trotz ihrer Langlebigkeit und ihrer Macht. Die Tradition ist nicht zwangsläufig statisch. Sie kann sich weiterentwickeln, sich mit neuen Elementen bereichern und ihre formale Sprache erweitern. Sehr oft aber bringt die Tradition einen Geschmack für bestimmte Formen hervor, Formen, die mit dem Ursprung der Tradition in Zusammenhang stehen. Das ist dann Nostalgie.

The Gothic style represents an international current at a certain time of western civilization with special features of every country reflecting the local culture. In this light one could also observe the differences between the Palazzo Farnese and the Château de Chambord, and those between Horta and Sullivan.

One can say that a tradition is born when the local culture of a country shows features that are strong enough to find their expression and continuity. There are very old traditions like the Chinese or Roman as well as younger ones, like the American tradition.

A tradition declines with the weakness of the local culture. This is what happened to the old Egyptian and Greek traditions, in spite of their longevity and their power. Tradition is not necessarily static, it can develop and take in new elements thus enlarging the formal vocabulary. But very often, tradition can create a preference for certain forms which go back to the very roots of tradition and this preference is no more than a nostalgic affection.

Das übergeordnete Bild

Die Architektur ist zwar etwas Gebautes, muß aber nicht unbedingt einem Gebäude ähnlich sehen.

Das, was der Dichter mit Hilfe seiner dichterischen Freiheit produziert, kann auf die gleiche Art und Weise von einem Maler, Bildhauer und – last but not least – von einem Architekten geschaffen werden, der mit bildlichen Darstellungen beliebig spielen kann.

Zwei Formen von übergeordneten Bildern sind möglich: das Symbol und das Bild. Ich werde diese beiden übergeordneten Bilder nun nacheinander erörtern.

Das Symbol

Dank der Symbole drückt der Mensch entweder Tatsachen aus, die nicht direkt wahrnehmbar sind, oder er verschleiert eine Tatsache, die er nicht in ihrer ganzen Klarheit enthüllen will. Symbole gab es schon in der frühesten Menschheitsgeschichte. Es ist das Bedürfnis des Menschen, eine Welt zu ergreifen, die für ihn nicht faßbar ist, und das auszudrücken, wofür es kein richtiges Wort gibt. Es ist eine Art, den Geist für weiter entfernt liegende Tatsachen zu öffnen.

Nehmen wir das Symbol der Zahl 4, das mit dem Quadrat, dem Kreuz und dem Würfel zu tun hat. Der Mensch beginnt schon sehr früh, seinen Raum mit Hilfe von perpendikulären Achsen zu organisieren (die Sonnenlaufbahn: Ost-West, und die Ausrichtung des Polarsterns und seines Gegenübers: Nord-Süd). Diese Achsen teilen die Erde in vier Bereiche. Man hat den König oft den Herrscher über die vier Meere und die vier Teile der Welt genannt, um das Ausmaß und die Totalität seiner Macht auszudrücken. Die 4 ist eine symbolische Zahl für die Erde, das wahrnehmbare Universum und den Raum, wie auch aus dem römischen cardo und decumanus hervorgeht.

In der Apokalypse ruft diese Zahl die Vorstellung der Universalität hervor. Es wäre sehr schwierig, diesen Begriff darzustellen. Von dieser Schwierigkeit rührt übrigens die Macht eines Symbols her. Die

The superimposed image

Architecture has to do with building but it has the right to resemble other things than buildings.

What any poet can do by resorting to what is called poetic licence, can also be done by the painter, the sculptor and, last but not least, the architect who can deliberately play with figurations. Two forms of superimposed images are possible: the symbol and the figurative image, both of which I would like to study singularly.

The symbol

By the use of symbols, man expresses realities that are not directly perceptible or hides a reality he does not wish to unveil in all its clarity. Symbols have at all times been present in the history of man. Man has the urgent need to try and seize a world he cannot grasp and to say things that cannot be said for the lack of the right word. It is a way to open up his mind for realities that are beyond everyday perception.

Let's take the symbol of the number 4 which is associated with the square, the cross and the cube. Very soon, man starts to organize his space through perpendicular axes (solar cycle, east-west, and, as for so many, the direction of the polar star and its opposite, north-south). These axes divide the Earth into four sectors. Kings have often been called the ruler of the four seas and the four corners of the earth in allusion to the greatness of their sphere of influence, the global character of their power. The number 4 is a symbolical number of the earth, of the universe and of space, as we have seen in the Roman cardo and decumanus.

In the Apocalypse, this number suggests the idea of universality. It would be very difficult to represent this notion otherwise and it is from this difficulty that the power of the symbol proceeds. The truth of a symbol reveals itself in logic. As J. Chevalier writes in his work about symbols: "Imagination is not the hand-maid but the twin sister of reason".

Let's take an example to illustrate how logic comes in here: the example of rain. Rain is con-

Wahrheit eines Symbols tritt in seiner Logik zutage. J. Chevalier hat in seinem Werk über die Symbole folgendes geschrieben: „Die Vorstellungskraft ist nicht die Dienerin, sie ist vielmehr die Zwillingsschwester der Vernunft."

Schauen wir uns nun zum Beispiel an, wie sich die Logik innerhalb eines Symbols verhält. Als Symbol nehmen wir den Regen. Der Regen gilt als Symbol der Einflüsse des Himmels auf die Erde. Erde, Frauen und Tiere werden durch den Regen fruchtbar gemacht (siehe Zeus, der sich in Goldregen verwandelt, um Danae zu befruchten). Mit dem Regen ist aber auch das Symbol für die Fruchtbarkeit des Geistes, das Symbol für geistige Einflüsse, verbunden. Es ist ein Symbol des Mondes. Durch diesen befruchtenden Aspekt wird der Regen auf ganz natürliche Art und Weise zum Symbol für das Sperma, zu einem der Symbole für das Geschlechtliche.

Mircea Eliade sagt, daß „die Symbole, die Mythen und die Riten immer eine Grenzsituation des Menschen offenbaren und nicht einzig und allein eine historische Situation. Eine Grenzsituation ist eine Situation, die der Mensch entdeckt, indem er sich des Platzes bewußt wird, den er im Universum einnimmt". Grenzsituation und historische Situation also, wobei die letztgenannte es notwendig macht, die Geschichte der Religionen zurückzuverfolgen, um das Symbol verstehen zu können. Denn es ist – das hat Jung gezeigt – mit der Menschheitsgeschichte seit ihren Anfängen fest verbunden.

Schauen wir uns nun die Kugel etwas näher an. Die Kugel verleiht der Symbolik des Kreises eine dritte Dimension. Der Kreis und die Kugel sind das Zeichen der Einheit des Ursprungs, also des Himmels und der zyklischen Bewegungen. Der Mittelpunkt ist nach Plotin „der Vater des Kreises". Er gibt Aufschluß über das Verhältnis, das sich zwischen Gott und seiner Schöpfung einstellt. Der Kreis ist innerhalb der Tierkreiszeichen das Symbol der Himmelszyklen. Er steht daher mit dem Begriff der Zeit in Zusammenhang. Die Kugel ist – wie der Kreis – das Symbol der Kreisbewegung des Himmels, eines kosmischen Himmels, der mit der Erde verbunden ist.

Wenn die Kugel dem Quadrat übergeordnet ist, so stellt sie die Totalität von Erde und Himmel dar. In seinem *Symposium* behauptet Platon, daß der Ur-

sidered as the symbol of the influence of heaven on earth. The Earth is made fruitful by the rain, just as women (cf. Zeus in the form of golden rain who fecundates Danae) and animals. But the rain also is thought to be the symbol of the fertility of the spirit, of spiritual influences. It is a moon symbol. Its fertilizing aspect makes the rain become the representation of sperm, one of the sexual symbols.

Mircea Eliade says that "the symbols, the myths and rites always reveal a borderline situation of man and not only a historical situation, borderline meaning the situation that man discovers when becoming aware of his place in the universe". A borderline situation or a historical situation, the latter makes us recall the history of religion in order to understand the symbol, which, as has been shown by Jung, dates back to the very beginning of human history.

Here, the image of the sphere appears again: the sphere gives a third dimension to the symbolism of the circle. The circle and the sphere are signs of the unity of the regulating principle, thus of heaven and its cyclical movements. The central point, according to Plotinus, is "the father of the circle". It manifests the relationship that is being established between God and his creation. For its zodiacal implication, the circle is the symbol of the celestial cycles and therefore has something to do with the notion of time. The sphere, as well as the circle, are symbols of heaven moving in circles, of cosmic heaven which is intertwined with the earth.

The sphere, in its superposition to the square, represents the wholeness of heaven and earth. In his Symposium, Plato claims that before the division, the original man was a sphere, as the universe in his Timaeus: "And for shape he (the Creator) gave it (the Universe) that which is fitting and akin to its nature. For the living creature that was to embrace all living creatures within itself, the fitting shape would be the figure that comprehends in itself all the figures there are; accordingly, he turned its shape rounded and spherical, equidistant every way from center to extremity—a figure the most perfect and uniform of all; for he judged uniformity to be immeasurably better than its opposite."

In order to illustrate another form of symbolism, I would like to mention the example of St. Marc's in

mensch vor der Teilung eine Kugel war. Im *Timaios* sagt er dasselbe vom Universum: „Sodann gab er (der Schöpfer) ihr (der Welt) auch eine Gestalt, wie sie ihr angemessen und ihrer Natur verwandt ist. Demjenigen lebendigen Wesen, welches alles andere Lebendige in sich fassen soll, dürfte nun wohl auch eine Gestalt angemessen sein, welche alle anderen Gestalten in sich faßt. Deshalb drehte er sie denn auch kugelförmig, sodaß sie von der Mitte aus überall gleich weit von ihren Endpunkten entfernt war, nach Maßgabe der Kreisform, welche von allen Gestalten die vollkommenste und am meisten sich selber gleiche ist, indem er das Gleiche für tausendmal schöner als das Ungleiche hielt."

Um eine andere Form von Symbolik zu beschreiben, nehme ich das Beispiel des Markusplatzes in Venedig. Der Platz ist asymmetrisch organisiert. Drei Haupträume stehen in Berührung zueinander. Der erste, auf dem sich der Dogenpalast und die Bibliothek von Sansovino befinden, erhält durch zwei Säulen eine Öffnung in Richtung Lagune bis hin zur Insel San Giorgio. Der zweite Raum, der der größte von den dreien ist, liegt perpendikulär zum ersten und kulminiert in der Markuskirche. Der dritte Raum liegt nördlich der Kirche. Die plastische Bedeutung dieser drei Räume unterscheidet sich grundlegend. Wenn man den Gesamtraum nun als Ensemble von Kräften betrachtet, die in alle möglichen Richtungen verlaufen, so kann man sagen, daß es einen Nullpunkt gibt, dem sämtliche Kräfte entspringen (der Nullpunkt des Quadrats liegt in seiner Mitte). An dieser Stelle steht der Turm, der als eine Art Gelenk für den Gesamtraum des Platzes fungiert. Dieser Turm, der eine rechteckige Basis hat, wird von einer Pyramide überragt, und seine Gesamtform entspricht der eines Obelisken, dessen Symbolik mit jener der Pyramide in Zusammenhang gebracht werden kann. Das erste Bild, das von der Pyramide hervorgerufen wird, ist das Bild eines Hügels, der dem Urmeer bei der Schaffung der Welt entsprungen ist. Der Nullpunkt ist also eine Art, die Existenz, gleichzeitig aber auch das Zentrum der Welt symbolisch darzustellen. Er ist der nächstgelegene Punkt des Himmels und der Erde, die Stütze Gottes. Das Dreieck symbolisiert das weibliche Geschlecht und die Pyramide die Mutter Erde. Matyle

Venice. The organization of the square is asymmetrical. Three principal spaces are in relation to each other. The first one, with the Ducal Palace and the library of Sansovino, opens onto the lagoon through two pilasters and reaches as far as the island of San Giorgio. The second, the largest one, evolves at right angles to the first one and comprises St. Marc's cathedral as the culminating point. The third one is situated to the north of the church. These three spaces are of completely different plastic importance. Considering the whole space as an entity of forces pulling into all possible directions, one can say that there is a zero point from which all the forces emanate (the zero point of the square being situated in its center). On this place stands the tower which acts as a flexible joint of all the space available in the square. This tower on a rectangular base is surmounted by a pyramid, its total form resembling to an obelisk, which may be said to have the same symbolism as the pyramid. The first image that the pyramid brings to mind is the hill which emerged from the primordial waters at the creation of the universe. This is a way of symbolizing life, but also the center of the world itself. This is the closest point between heaven and earth, the main-stay of God. The triangle symbolises the female sex and the pyramid Mother Earth. According to Matyle Ghyka, the pyramid, with its cristalline and abstract rigidity, is the only form that emits a dynamic impulse, which can be considered as the mathematical symbol of living growth.

By the erection of this tower on St. Marc's square, this point is made the center of the world with all the symbolism that is attached to it. However, at this time, Venice was one of the richest states, practically invulnerable thanks to its geographical situation, its commercial wealth and its fleet. Venice was the link between the orient and the occident. Through the symbol of the tower, Venice claims to be the center of the world, the tower itself standing on the plastic center of the quare, the city-center. Other symbols are also here present: Mother Earth illustrating its situation, St. Marc's lion, the symbol of the town and justice, and both of them adorn the square and the façade of

Ghyka zufolge ist die Pyramide mit ihrer kristallinen und abstrakten Starrheit die einzige Form, von der ein dynamischer Impuls ausgeht, was als mathematisches Symbol eines lebendigen Wachstums angesehen werden kann.

In dem Moment, wo man den Turm danebenstellt, macht man diesen Punkt zum Zentrum der Welt – mit all der Symbolik, die damit in Zusammenhang steht. Venedig war zur damaligen Zeit eines der reichsten Länder, praktisch unantastbar aufgrund seiner Lage, seinem regen Handel und seiner Flotte. Venedig war das Bindeglied zwischen Orient und Okzident. Durch das Symbol des Turms stellt sich Venedig also als Zentrum der Welt dar, wobei der Turm selbst in der Mitte des Platzes, dem Zentrum der Stadt, steht. Weitere Symbole sind mit dem Turm verbunden: das Symbol der Mutter Erde, das Aufschluß über seine Lage gibt. Weiters das Symbol des Löwen des Heiligen Markus, der die Stadt symbolisiert, sowie das Symbol der Justiz. Beide Symbole sind auf dem Platz und der Palastfassade dargestellt. Der Turm als Punkt, um den herum der Raum angeordnet ist, verkörpert also all diese Begriffe.

Ein weiteres Beispiel ist eine Industriestadt – die Salinen von Chaux – eine Stadt, die von Ledoux im Jahr 1775 geplant wurde. Als Basis wählte Ledoux die Form des Kreises. Die Stadt sollte vom Mittelpunkt des Kreises aus mit Hilfe einer sehr strengen Geometrie in Anspielung auf die Sonne strahlenförmig ausgehen, womit sie mit einem weiteren Aspekt des Inhalts, der französischen Tradition, in Verbindung gebracht wird. Im Inneren des Kreises plazierte Ledoux vier monumentale Säulen und schuf so zwei Achsen in der Art des römischen cardo und decumanus, die in den Kreis eingeschrieben sind. „Ein riesiger Kreis eröffnet sich meinen Augen und breitet sich aus. Es ist ein neuer Horizont, der in seiner ganzen Farbenpracht strahlt. Das mächtige Gestirn betrachtet kühn die Natur und läßt das schwache Menschengeschlecht die Augen senken. Befürchtest du nicht, du schöpferische Kraft, die kritische Linie zu überschreiten, du Mutter aller Quellen, nichts kann ohne dich existieren, außer das Elend. Du verteilst den Einfluß, der das Leben gibt, du belebst die ausgetrockneten Wüsten und die düsterer Wälder."

the palace. As the focal point of the organization of space, the tower logically symbolizes all these concepts.

Another example: the industrial town—the factory buildings and workmen's houses of the royal saltworks in Chaux—planned by Ledoux in 1775. Here, Ledoux chose the circle as the basic form: the town had to issue from the center of the circle, in allusion to the radiating sun, and according to rigorous geometrical forms thus conveying another aspect of content, the French tradition. Inside the circle, Ledoux put four monumental columns there by creating two axes, which, as the Roman cardo and decumanus, were inscribed within the circle. "An enormous circle opens, developing before me, a new horizon sparkling in the brightest colours. A powerful star fearlessly looks upon nature and makes the weak humans cast down their eyes. You are not afraid of crossing the burning line, productive activity, mother of all resources, nothing can exist without you but misery: you disperse the influence that gives life, you chase the liveless deserts and melancholic forests".

This "enormous circle", Ledoux mentions, was the heart of an industrial town where salt was produced. Curiously and in contrast with a more modern vision of town planning, Nicolas Ledoux determined the situation of the owner's house in the central point of the circle. Immediately behind it, he located the garage for horse-drawn vehicles and stables of the director, and the factory buildings on either side. And finally, behind those, the buildings of the clerks, of the workers, the coopers and the stableboys. A green belt and a wide avenue separate this first circle from the rest of the town which evolves around the center. Two avenues link the town with the river Loue and the wood of Chaux, in the north-south direction. Another one, perpendicular to the first, leads to the village of Arc-et-Senans, from east to west. The community buildings, so typical of the town planning programmes of the 18th century, are located off this last avenue.

Here, the symbolism is clear. First of all it refers to the center which has already been of great importance in all antique civilizations. Guenon says about the center that "it is above all the origin, the

Dieser „riesige Kreis", von dem Ledoux spricht, war das Herz einer Industriestadt, in der Salz erzeugt wurde. Eigentümlicherweise und im Gegensatz zu einer moderneren Auffassung von Stadtplanung plaziert Nicolas Ledoux das Haus des Besitzers in der Mitte des Kreises, unmittelbar dahinter befinden sich die Wirtschaftsgebäude und die Stallungen des Direktors und auf der linken und rechten Seite die Produktionsstätten. Dann folgen die Häuser der Angestellten, der Arbeiter, der Faßbinder und der Pferdeknechte. Eine Grünzone und eine breite Straße trennen diesen ersten Kreis vom Rest der Stadt, die kreisförmig um dieses Zentrum angeordnet ist. Zwei Straßen verbinden die Stadt in Nord-Süd-Richtung mit dem Loue-Ufer und dem Wald von Chaux. Eine weitere Straße – im rechten Winkel zu den anderen angeordnet und in Ost-West-Richtung – führt in den Ort Arc-et-Senans. Die Kommunalgebäude, die so typisch für die Stadtplanung des 18. Jahrhunderts sind, befinden sich auf dieser Straße.

Die Symbolik ist klar. Sie betrifft in erster Linie das Zentrum, das bei allen alten Kulturen eine bedeutende Rolle spielte. Guenon sagt vom Zentrum, daß „es der Ausgangspunkt aller Dinge ist und vor jedem Ursprung kommt. Es ist der Hauptpunkt, der weder Form noch Dimension besitzt. Es ist also unsichtbar und folglich das einzige Bild, das von der ursprünglichen Einheit überliefert werden kann. Zu diesem Zentrum nimmt alles radial seinen Ursprung, so wie die Einheit alle Zahlen produziert, ohne daß ihr Wesen dabei geändert oder irgendwie beeinträchtigt wird."

Wenn es ein Pendant zu Ledoux in der Literatur gibt, dann ist es der Marquis de Sade. In seinem Werk *Die 120 Tage von Sodom* herrscht eine sehr strenge rationale Struktur vor, was die Wahl der vier Haupt- und der Nebendarsteller, die Konzeption des Schlosses und den Verlauf der Handlung im Werk anlangt. Am Ende hingegen kommt es zum Debakel, stellen sich Schrecken und Tod durch die Leidenschaft der Sinne ein. Sade und Ledoux spielen mit ähnlichen Bedeutungen: die gewaltige Explosion des Irrationalen selbst im Inneren einer sehr rationalen Struktur, die vom Muster der Vernunft geprägt ist.

Um die Symbolik des 20. Jahrhunderts zu erklären, nehme ich die Architekturschule zu Hilfe, die

starting point of everything: it is the focal point, without form or dimension, thus invisible and consequently the only image that can be furnished of primordial unity. Emanating from it, through radiation, all other things are produced, just as unity produces all the numbers without its essence having to be altered or affected in any way".

If there is an equivalent to Ledoux in literature, it is the Marquis de Sade: his book *One Hundred and Twenty Days of Sodom* is characterized by a very severe rational structure that is revealed in the choice of four principal characters, of several secondary characters, the conception of the palace and the development of the plot throughout the whole work. At the end, there is tragedy, horror and death through sex. Sade and Ledoux play with similar meanings: the violent explosion of the irrational within a very rational structure, which, through its very form, reflects the image of reason.

To explain the symbolism of the 20th century, I will refer to the School of Architecture built by Mies van der Rohe at the Illinois Institute of Technology. It consists of a large and completely empty space without any divisions—a floating space, very typical of Mies van der Rohe's conception. It comprises several functions: the workshops of the school, an exhibition hall, a library and administrative offices. The functions that were supposed to be separated from these are placed in the basement where aestheticism is not particularly looked for. The building does not try to express its internal life, there is no immediate content.

The whole work has been designed to survive even after the School of Architecture no longer existed. All that remains is the aesthetic function, the search for perfectness in which Mies leaves behind everything that remains of the romanticism of the pavilion in Barcelona. It is a symmetrical composition of great classicism, perfectly embodying Miese's motto "less is more". A steel structure subdivides the glass façade thus creating very refined proportions. Its elements will later become key elements in architecture generally. It is a triumph of technology. It is the idea (in the Platonic sense of the word) of technology. Four beams support a large plane thus dividing the façade into six portions.

von Mies van der Rohe für das Illinois Institute of Technology gebaut wurde. Es handelt sich um einen weiten, völlig freien Raum ohne Unterteilung. Es ist ein fließender Raum, was typisch für die Konzeption von Mies van der Rohe ist. Mehrere Funktionen gehen dort ineinander über: die Ateliers der Schule, ein Ausstellungssaal, die Bibliothek und die Verwaltungsbüros. Die Funktionen, die von den letztgenannten abgetrennt werden sollten, sind im Untergeschoß untergebracht, wo die ästhetische Komponente keine Rolle spielt. Das Gebäude versucht nicht, sein Innenleben auszudrücken. Der unmittelbare Inhalt wird nicht erschlossen.

Das Werk ist konzipiert, um fortzubestehen, selbst nachdem die Funktion „Architekturschule" abhanden gekommen ist. Es bleibt einzig und allein die ästhetische Funktion bestehen, die Suche nach einer Perfektion, in der Mies van der Rohe all das aufgibt, was von der Romantik des Pavillons in Barcelona noch übrig ist. Es ist eine symmetrische Komposition von großer Klassik, die die Formel von Mies van der Rohe widerspiegelt: less is more – weniger ist mehr. Die Stahlstruktur unterteilt die Glasfassade und schafft äußerst feine Proportionen. Die Elemente dieser Struktur werden später generell zu Schlüsselelementen in der Architektur. Die Technik wird in den Vordergrund gestellt, sie wird verherrlicht. Das ist (im platonischen Sinne des Wortes) die Idee der Technik. Vier Träger stützen die große Platte und unterteilen die Fassade in sechs Teile.

Mit der Zahl 4 ist wieder das Symbol für die Erde gegeben und mit der Zahl 6 das Symbol für den Gegensatz zwischen dem Geschöpf und dem Schöpfer, wobei ein Gleichgewicht vorhanden ist, das man auch beim Davidstern findet, der aus zwei übereinanderliegenden Dreiecken besteht: Es ist die kosmische Einheit. Dieses Gleichgewicht der Gegensätze entspricht dem Neoplastizismus von Mies van der Rohe, es ist ein Spiel der Vertikalen und Horizontalen, die immer orthogonal zueinander stehen und versuchen, ein perfektes Gleichgewicht zu erreichen.

In diesem Sinne verkörpern die vier strukturellen Elemente die Totalität, die Erde, die zur Technik geworden ist, und integrieren die Zahl 6, das Symbol für die Gegensätze, die miteinander im Gleichgewicht stehen. Diese Elemente manifestieren den

With the number 4, the symbol of the Earth has once more been used and with the number 6, the symbol of the opposition of the creature to his creator, in a balance which can be found again in Solomon's seal which consists of two triangles superposed on each other: cosmic unity. This balance of opposite ideas corresponds to neo-plasticism, a concept that Mies has introduced, where horizontals and verticals are always arranged perpendicular to each other, in search of the perfect balance.

In this sense, the four structural elements embody universality, and, as the Earth has become technology, introduce the number 6 as a symbol of opposite ideas in balance. These few elements materialize in a glorified technology which brings about balance and thus perfection.

By subordinating the internal life of the building to a perfect space, Mies glorifies the industrial elements, thus subordinating man to the created object. In Miese's as in Ledoux's work, symbols are not brought in for their own sake, but as elements of a language that aims at a more complex expression.

The figurative image
This second part obviously has some connection with the first one. But, whereas the symbol is more abstract, the figuration, in its form, refers to the concrete. A building can express a certain gesture or a pose or attitude of a person, or even be conceived as the figuration of an existing thing. The final aim cannot be the representation of a concrete object, but more so the creation of a metaphor to strengthen the mediate content which we are going to discuss later.

In the example of the pyramids, the Egyptians passed from the form of a mountain to pure geometry. We have also mentioned the synagogue in Pennsylvania by Frank Lloyd Wright: he was inspired by the mountain of light of the Old Testament. He converted the mountain into geometrical forms, but in a less abstract way than the Egyptians and also in a more complex concept, as he was not interested in simple forms. He created a concrete base from which emerges a mountain of metal and glass, and in

Triumph der Technik, die das Gleichgewicht und die Perfektion schafft.

Mit der Art und Weise, wie Mies van der Rohe das Innenleben des Gebäudes einem perfekten Raum unterordnet, verherrlicht er die Elemente der Industrie, gleichzeitig zeigt er die Unterordnung des Menschen gegenüber dem geschaffenen Objekt.

Bei Mies van der Rohe wie auch bei Ledoux stellen die Symbole keinen Selbstzweck dar, sondern sie sind Sprachmittel, die einen komplexeren Ausdruck ermöglichen.

Das Bild

Dieser zweite Teil steht natürlich mit dem ersten in Zusammenhang. Wenn das Symbol eher abstrakt ist, so bezieht sich das Bild in seiner Form auf etwas Konkretes. Ein Gebäude kann eine bestimmte Bewegung, eine Pose oder eine Haltung einer Person darstellen oder sogar als die Figuration einer bestehenden Sache gesehen werden. Das Endziel ist vielleicht nicht, einen konkreten Gegenstand darzustellen, sondern eine Metapher zu schaffen, um den mittelbaren Inhalt zu verstärken, von dem später die Rede sein wird.

Bei den Pyramiden zum Beispiel sind die Ägypter von der Form des Berges auf eine reine Geometrie übergegangen. Wir haben bereits die Synagoge in Pennsylvania erwähnt, die von Frank Lloyd Wright entworfen wurde. Er inspiriert sich am Berg des Lichtes des Alten Testaments. Er stellt den Berg geometrisch dar, aber auf weniger abstrakte Art und Weise als die Ägypter und weniger einfach, denn ihn interessieren die einfachen Formen nicht. Er schafft eine Betonbasis, von der aus sich ein Berg aus Metall und Glas erhebt und wo mit Lichtreflexen gespielt wird, die Tag und Nacht gleichermaßen intensiv sind. Auf diese Weise, und obwohl bildliche Darstellungen in der Synagoge nicht möglich sind, da die Religion dies verbietet, findet Wright ein Bild für das Gebäude als Ganzes.

In der barocken Kunst hat die Notwendigkeit, Botschaften klar auszudrücken, außergewöhnliche bildliche Darstellungen hervorgebracht, wie zum Beispiel in der Peterskirche in Rom. Eine Reihe von Architekten haben der Kirche ihren Stempel aufgedrückt: Bramante, Raffaello, Peruzzi, Sangallo,

which light, in the same intensity, is reflected day and night. Thus, even though figuration is impossible in a synagogue—as religion does not allow this—Wright finds a figurative image for the building as a whole.

In baroque art, the need to put messages across has helped to produce extraordinary figurations, as in the case of St. Peter's cathedral in Rome. A long list of architects have left their traces there: Bramante, Raffaello, Peruzzi, Sangallo, Michelangelo, Maderno and finally Bernini who was asked to conceive a gigantic square to hold a great crowd in front of the church. He decided to play with the existing elements and gave the entire building a new meaning. Thus each component was attributed a special meaning and altered the significance of the whole. He conceived the whole building as a human being: the dome by Michelangelo became the head, the façade by Maderno the torso, the balcony from which the Pope blessed the faithful, the heart. The colonnades he added produced the effect of two embracing arms. Here the figuration exceeds the human scale, as the main intention is the representation of the universality of the Church: mother Church, like a giant being, is able to receive the whole world in her arms.

Gaudí, one of the most extraordinary architects in the history of architecture, is also among those who always wanted to and knew best how to play with figuration: in the house Batlló, for example, with the representation of monsters. The roof of the house features the enormous silhouette of a monstrous animal, the attic is cartilagenous, hiding away geometry. The façade is covered with elements that give the impression of scales, the base of the building is conceived in the form of bones and the balconies resemble the sockets of the eyes. In Barcelona, it is called "la casa de los huesos" (the house of the bones). The house Batlló becomes a jumble of superimposed figurations entering into the Spanish tradition of tragic and into the spirit of the time.

In the 20th century, Rudolph Steiner built a heating station near the Goetheanum at Dornach in Switzerland. The most obvious function of a heating station is to heat. With a minimum of elements, a

Michelangelo, Maderno und schließlich Bernini, den man mit der Errichtung eines großen Platzes beauftragte, der die Menschenmassen vor der Kirche aufnehmen sollte. Er entscheidet, mit dem bereits Existierenden zu spielen, und gibt dem Ganzen gleichzeitig einen neuen Sinn. So hat jedes Element, dem ein bestimmter Sinn innewohnte, den Sinn des Ensembles verändert. Er konzipiert das Ganze, als wäre es ein menschliches Wesen: Die Kuppel Michelangelos wird zum Kopf, die Fassade Madernos zur Brust und der Balkon, von dem aus der Papst die Menschenmenge segnet, zum Herzen. Der Säulengang, den er hinzufügt, schafft den Eindruck von zwei umarmenden Armen. Hier geht die bildliche Darstellung über die menschlichen Maße hinaus, da vielmehr die Universalität der Kirche dargestellt werden soll. Die Mutter Kirche ist – wie ein riesiges menschliches Wesen – in der Lage, die ganze Welt aufzunehmen.

Gaudí, einer der außergewöhnlichsten Architekten der Architekturgeschichte, war auch einer von jenen, die mit dem Bild spielen wollten und dies auch bestens verstanden haben. Ein Beispiel wäre das Haus Batlló mit der Darstellung der Monster. Das Dach des Hauses ist der riesige Panzer eines monströsen Tieres, die Mansarde ist in der Art eines Knorpels dargestellt. Die Geometrie bleibt verborgen. Die Fassade ist mit Elementen bedeckt, die an Schuppen erinnern, am Fundament des Gebäudes sind es Knochen, und die Balkone haben die Form von Augenhöhlen. In Barcelona wird das Haus im Volksmund „la casa de los huesos" (das Haus der Knochen) genannt. Das Haus Batlló wird zu einer Ansammlung von Bildern, die sich überlagern. Diese Bilder spiegeln sowohl die tragische spanische Tradition als auch den Geist der Zeit wider.

Im 20. Jahrhundert hat Rudolph Steiner ein Heizhaus in der Nähe des Goetheanums in Dornach in der Schweiz gebaut. Die primäre Funktion eines Heizhauses ist die zu heizen. Mit einem Minimum an Elementen, einem Rauchfang und einem ebenerdigen Raum schafft er ein ausdrucksstarkes Bild. Ein Rauchfang hat deutlich männliche Konnotation. Das gleiche gilt für das Feuer, während das Wasser weibliche Bedeutung hat. Bei diesem Projekt wird mit dem Feuer gespielt. Das erigierte männliche Ge-

chimney and a flat space on the ground, he successfully creates a powerful image. A chimney can obviously be associated with masculinity. So can fire, whereas water is rather connoted with femininity. Here, one plays with the fire. In the project the erect phallus is a clear image. The chimney assumes the form of a trunk of a tree. However, the tree is also a sexual symbol with an insistent connotation of life. The tree of life was planted in the middle of Eden and the four streams had their source there. It embodies the heart of man but also insinuates the cross. The tree and the cross are erected in the center of the earth, which at the same time is the center of the world. In the case of the heating station, one notices a superimposition of the image tree and the image phallus in association with fire.

In the early 70s, I have myself devised a project of a village in the community of Vela Luca, a small town on the island of Korčula, Yugoslavia. The site is a bay within a larger bay where the village lies. It is a very stimulating place, because of the terraced vinyards that surround it. The rolling hills made me think of a man half submerged in water showing a knee or a shoulder: the vision of anthropomorphic nature. The island, which, legend has it, was colonized by the Argonauts, is a mythical place and I wanted my work to reflect this spirit.

Between the town of Vela Luca and the village, transport was by boat and the view from the sea was much more important than the view from the road. The programme was supposed to integrate other housing projects proposed by artists from different European countries. I was in charge of the central area and the town planning.

The image to be superimposed on the project was thus determined by the site itself: the figuration of a mythical man emerging from the water, and the village which reflected the form of this giant as in a painting by Arcimboldo. The personality of each building had to be preserved and, from the distance, the whole would represent a man, in allusion to Arcimboldo with his fruit and vegetables.

The idea to arrange the dwellings around a square with a view to the sea seemed very convenient. On top of the hill was a parking lot, and on the seaside a quay for the boats. I wanted to give my project a

schlecht ist ein sehr klares Bild. Der Rauchfang hat die Form eines Baumstammes. Nun ist der Baum aber auch ein sexuelles Symbol mit einer starken Konnotation, die auf das Leben verweist. Der Lebensbaum wurde inmitten von Eden gepflanzt, und vier Flüsse quollen aus ihm hervor. Er bezeichnet das Herz des Menschen, kündigt aber auch das Kreuz an. Der Baum und das Kreuz erheben sich im Zentrum der Erde, denn sie bezeichnen den Mittelpunkt der Welt. Im Falle des Heizhauses haben wir es mit einer Überlagerung des Bildes Baum und des Bildes Phallus zu tun, die mit dem Feuer in Verbindung gebracht werden.

Zu Beginn der 70er Jahre habe ich ein Projekt, ein Feriendorf für die Gemeinde Vela Luca geplant, eine kleine Stadt auf der Insel Korčula in Jugoslawien. Das Areal des Feriendorfes liegt in einer Bucht, die wiederum in einer größeren Bucht liegt. Es ist aufgrund der Terrassenhänge, auf denen Wein angebaut wird, ein inspirierender Ort. Die Milde der Hügel erinnerte mich an einen Mann, der halb unter Wasser steht, wobei ein Knie oder eine Schulter hervorschaut: die Vision einer anthropomorphen Natur. Die Insel, die der Legende nach von den Argonauten besiedelt wurde, ist reich an Mythen, und ich wollte gerade diesen Aspekt hervorkehren.

Zwischen der Stadt Vela Luca und dem Feriendorf wird der Verkehr mit Schiffen abgewickelt, sodaß die Sicht vom Meer aus wichtiger als die von der Straße aus war. Das Programm umfaßte Wohnprojekte von Künstlern aus verschiedenen Ländern Europas. Ich wurde mit der städtebaulichen Gestaltung und der Planung des zentralen Platzes beauftragt.

Das Bild, das im Projekt Ausdruck finden sollte, wurde mir durch die Lage des Ortes vorgegeben: Die bildliche Darstellung eines mythischen Mannes, der aus dem Wasser steigt, wobei das Dorf – wie bei einem Bild von Arcimboldo – die Form dieses Riesen erhält. Jedes Gebäude sollte seine eigene Persönlichkeit haben, und alles sollte – von der Ferne aus betrachtet – einen Menschen bilden, wie das Arcimboldo mit Obst und Gemüse gemacht hat.

Der Plan war verlockend. Er sah vor, die Wohnungen rund um einen Platz herum anzuordnen, der auf das Meer hinausging. An der obersten Stelle des Hügels befand sich ein Parkplatz und am Meeresufer

meaning by integrating all these buildings: the administration coincided with the head, the restaurant with the stomach, the social space with the hands. A labyrinth in the center of the square corresponded to the intestines, the amphitheatre to the pelvis and the quay to the phallus. The houses around the square which were to form the huge silhouette of the giant, also had to be integrated into my project. Playing with the overall image, I devised the exterior of the houses as pieces of the torso, the shoulder, the armpit and the chest of a man. Inside, in the living and eating space, I wanted to place a cosmic symbolism around the fireplace to convey the sensation of the microcosm that man represents himself, a feeling of the universe that man can lock inside. Here, I worked as a sculptor to completely render this meaning: the place where the fire should burn would have to be conceived as the navel: the hood, held up by metal supports, would be a cube and the chimney would assume the form of a stairway. On the ceiling I placed a form suggesting the udder of a cow as a symbol of fertility, it is celestial and appears as a cloud filled with fruitful rain. Even the Veda provide the cow with a cosmic and divine meaning: "The cow is heaven, the cow is earth". In this case, I refer to the symbolism of heaven. In the center of the floor, the navel has a chtonian meaning, just as the cube on top of the fireplace and again on top of it a stairway, which together form the earth's axis piercing the globe and running from the center to heaven. In the uder of the cow, there was an opening covered in glass which coincided with the fountain of the terrace thus reflecting the image of the mare superium, the heavenly waters, a myth in which the ancient believed. The exterior of each house at the seafront represented an image of the "anthropocosm" outside man, whereas the interior, the symbolism of heaven and earth signified the human microcosm.

ein Anlegeplatz für Schiffe. Ich versuchte mit Hilfe aller Gebäude, den Sinn meines Projektes auszudrücken: Die Verwaltung ist der Kopf, das Restaurant der Magen und die sozialen Räume die Hände. Ein Labyrinth in der Mitte des Platzes verkörpert die Gedärme, das Amphitheater das Becken und der Schiffsanlegeplatz das Geschlecht. Die Häuser um den Platz herum, die die Silhouette des Riesen formen, mußten ebenfalls in mein Projekt miteinbezogen werden. Um mit dem allgemeinen Bild zu spielen, habe ich die Häuser als äußere Teile des Torso konzipiert, als Schultern, Achsel und Brust eines Mannes. Im Inneren, im Wohn- und Eßbereich, wollte ich eine kosmische Symbolik um den Kamin herum, um den Eindruck eines Mikrokosmos zu vermitteln, wobei der Mensch selbst dieser Mikrokosmos ist, der den gesamten Kosmos in seinem Inneren aufnehmen kann. Hier habe ich als Bildhauer gearbeitet, um den Sinn zu vollenden. Die Feuerstelle wird als Nabel behandelt. Der Kamin, der auf Metallstützen ruht, ist ein Kubus, und der Schacht hat die Form einer Stiege. Ein Objekt an der Decke erinnert an das nährende Euter einer Kuh und verkörpert das Fruchtbarkeitssymbol. Die Kuh ist himmlisch, eine mit befruchtendem Regen gefüllte Wolke. Sogar die germanischen Veden geben der Kuh einen kosmischen und göttlichen Sinn: „Die Kuh ist der Himmel, die Kuh ist die Erde." In diesem speziellen Fall greife ich auf die himmlische Symbolik der Kuh zurück. Der Nabel in der Mitte des Fußbodens hatte chthonischen Sinn. Über dem Kamin befindet sich ein Kubus und auf dem Kubus eine Stiege – das Ganze formt die Achse der Welt, die sich vom Mittelpunkt der Erde bis in den Himmel erstreckt. Am Kuheuter gab es eine Öffnung, die mit Glas bedeckt war und die mit dem Brunnen auf der Terrasse zusammenfiel. Dies vermittelte das Bild des Meeres, von dem die Alten glaubten, daß es das mare superius sei. Jedes der Häuser am Strand war in seinem Äußeren ein Abbild des Anthropokosmos außerhalb des Menschen und im Inneren die Symbolik der Erde und des Himmels, der menschliche Mikrokosmos.

Der mittelbare Inhalt

Ich stelle den mittelbaren Inhalt dem unmittelbaren Inhalt gegenüber. Der mittelbare Inhalt wäre bei einem architektonischen Werk der Ausdruck eines historischen Momentes, in dem es realisiert wird. Der unmittelbare Inhalt muß nicht unbedingt ausgedrückt werden. Das haben wir bei der Architekturschule im IIT von Mies van der Rohe gesehen. Auch die Überzeugung kann wie bei der Cappella dei Pazzi von Brunelleschi fehlen. Was die Tradition angeht, sieht man, daß das Projekt von Le Corbusier in Indien nicht auf die indische Tradition zurückgreift und der finnische Pavillon der Pariser Weltausstellung von Aalto die französische Tradition nicht berücksichtigt. Wenn es eine Symbolik in den Häusern von Aalto gibt, verbirgt er sie sehr geschickt. Aalto verwendet auch keine bildlichen Darstellungen, weder beim kleinen Parthenon von Jyväskylä, wo er viel Humor beweist, noch beim finnischen Pavillon in New York. Keiner dieser Aspekte des Inhalts ist für die Architektur von essentieller Bedeutung. Der mittelbare Inhalt hingegen stellt in der Architektur eine Conditio sine qua non dar. Ein architektonisches Werk ist der Ausdruck eines Momentes in der Geschichte. Ich will damit nicht sagen, daß das Werk sämtliche Aspekte eines bestimmten Momentes ausdrücken muß, aber es muß zu einem aussagekräftigen Bild des zu einem bestimmten Zeitpunkt von einer Gemeinschaft Er- und Gelebten werden.

Bestimmte Werke der Vergangenheit bringen die gesamte Kultur einer Zeit zum Ausdruck, wie zum Beispiel die gotischen Kathedralen im Mittelalter. Im 19. und im 20. Jahrhundert hingegen verschwindet der Begriff des alles bestimmenden Elementes, der Begriff des Absoluten. Die verschiedenen Aspekte unserer Kultur bieten eine Vielfalt an Ausdrucksmöglichkeiten. Trotzdem ist die Architektur – vom Gesichtspunkt des Ausdrucks her – ärmer geworden und greift in einer Vielzahl von Fällen – ohne jegliche Kreativität – auf die Themen aus der ersten Hälfte des Jahrhunderts zurück. Diese Themen, die seit der industriellen Revolution kontinuierlich wie-

The Mediate Content

I oppose the mediate content to the immediate content. To my mind, in architecture, the mediate content should be the expression of the historical moment of its creation. The immediate content can remain unexpressed, as we have seen in the example of the IIT School of Architecture by Mies van der Rohe. Persuasion can be absent as in the Cappella dei Pazzi by Brunelleschi. As far as tradition is concerned, Le Corbusier's project in India does not refer to the Indian tradition. Neither has the Finnish pavilion for the Paris World Fair by Aalto been built with regard to the French tradition. If there is a symbolism in Aalto's houses, he hides it quite well. As for figuration, Aalto does not employ it, neither in the small parthenon of Jyväskylä that he treats with a lot of humour, nor in the Finnish pavilion in New York. None of these aspects of content is vital to the existence of architecture whereas the mediate content is a conditio sine qua non of architecture. A work of architecture is the expression of a certain historic moment. I would not suggest that it has to express all aspects of this moment, but it has to encapsulate a powerful image of a collective feeling.

Some works of the past express all aspects of the culture of their time, as the Gothic cathedrals of the Middle Ages. In the 19th and 20th centuries, the notion of a universal characterizing element, of the absolute, disappeared. The different aspects of our civilization make a multitude of expressive means available. Nevertheless architecture is confronted with a certain poverty of expression and most of the time unimaginatively repeats the themes that have marked the first half of our century. These themes have been continuously interpreted since the industrial revolution and are still of general relevance. I would like to discuss them briefly in the following pages.

Dynamism

The first theme I would like to discuss is dynamism. In fact, since the industrial revolution, the concept

derkehren, sind immer noch aktuell. Ich möchte diese nun behandeln, ohne auf ihre Details einzugehen.

Die Dynamik

Das erste dieser Themen ist die Dynamik. Seit der industriellen Revolution hat sich der Begriff „Zeit" geändert. Mit der Erfindung der Eisenbahn änderte sich nicht nur der Begriff der Entfernung, sondern auch die Einstellung der Menschen. Der Mensch nimmt ab jenem Zeitpunkt die Welt durch Geschwindigkeiten wahr, die bis zu diesem Zeitpunkt unvorstellbar waren. Das Auto, das Flugzeug und die Rakete sind weitere Schritte in Richtung Geschwindigkeit. Der Begriff der Bewegung im Raum ist im Denken der Menschen in den entwickelten Ländern fest verankert. In der Industrie ist aufgrund der Fließbandarbeit eine Koordinierung der Bewegungen des Menschen mit jenen der Maschine notwendig. Experten berechnen die Bewegungen des Arbeiters, um ein Maximum an Ertrag zu erzielen. Chaplin zeigt im Film *Moderne Zeiten* mit viel Humor und Ironie das Drama des Menschen, der sich diesen neuen Gegebenheiten anzupassen versucht. Eine neue Technik, und zwar die der Photographie, fängt das Leben in seiner Augenblicklichkeit ein. Sogar im Bereich der Grundwissenschaften stützt man sich bei Forschungsarbeiten auf die Einheit von Raum und Zeit. In der Formel von Einstein ist Geschwindigkeit in der Relation von Energie und Masse zu sehen. In der Relativitätstheorie ist die Rede vom Kontinuum Raum-Zeit. Auch im täglichen Leben ist das Problem der Zeit in Verbindung mit dem Raum eines, das den Menschen maßgeblich beschäftigt. Denken wir zum Beipiel an einen Fußgänger, der den Weg, den er wählt, und die Geschwindigkeit, mit der er diesen Weg zurücklegt, einkalkulieren muß, um vor einem Auto, das sich mit einer bestimmten Geschwindigkeit nähert, über die Straße zu kommen. Im 20. Jahrhundert wird das Problem der Zeit aufgrund der Bedeutung, die man ihm beimißt, zu einem der bezeichnendsten unseres Jahrhunderts.

Schauen wir uns einige Definitionen für die Zeit an.

Pascal löst das Problem der Zeitdefinition in seinem Werk *De l'esprit géométrique* so: „Die Zeit ist of time has changed. With the invention of railways, the notion of distance as well as its perception change. From this point forward, man has perceived the world through a speed which did not seem imaginable thus far. The car, the aeroplane and the rocket were the following steps in this development toward speed. From then on, the concept of movement within space has occupied people's minds in the western world. In industry the assembly line demands synchronicity between the movements of man and those of the machine. Experts calculate the movements of the worker in order to obtain maximum productivity. In his film *Modern times* Chaplin shows, in a witty and sarcastic way, the drama of man who has to adapt himself to modern needs. Another mechanism, the photograph, captures life in its momentariness. Even in fundamental research man continues his search for the unity of space-time: Einstein's formula defines speed in relation to energy and mass. In his relativity theory the concept of a space-time continuum appears. In everyday life, the problem of time in space has also become an aspect of major importance. As an example think of the pedestrian who has to continuously calculate his route and the speed necessary to cross the road in front of a car which itself is moving at a certain speed. In the 20th century, the importance given to time makes it a problem of expression. But first let's take a look at some definitions of time.

In his work *De l'esprit géométrique*, Pascal treats the problem of finding a definition of time as follows: "Time is such a thing—who could define it? And why undertake this, as everyone understands what one wants to say when speaking about time, even without defining it beforehand?" The definition of time in the French dictionary *Le Petit Robert* is more explicit: "Indefinite environment where existence seems to evolve and change irreversibly, where events and phenomena are in succession". In *Webster* we find the following: "The measured and measurable period during which something (as an action, a process or condition) exists or continues."

Our life is limited by time, which distinguishes it from the world beyond, which is eternal. Human time is confined as opposed to the infinity of God's time. The first is a short fraction of time, the latter

so eine Sache, wer könnte sie definieren? Und warum sollte man das auch tun, da ja alle Menschen das wahrnehmen, was man zum Ausdruck bringen will, wenn man von Zeit spricht, ohne diese genauer bestimmen zu müssen?" Die Definition, die das Wörterbuch *Le Petit Robert* bietet, ist klarer: „Nicht definiertes Umfeld, in dem sich Existenzen in irreversibler Form offensichtlich verändern und Ereignisse und Phänomene aufeinanderfolgen." Im Webster finden wir folgende Definition: „Der meßbare und gemessene Zeitraum, in dem eine Handlung, ein Prozeß oder Bedingungen existieren und weiterhin andauern."

Die Zeit unseres Lebens ist in ihrer Dauer begrenzt, wodurch sie sich von der Welt des Jenseits, die zeitlos ist, unterscheidet. Die Zeit des Menschen endet und unterscheidet sich so von der Zeit Gottes, die unendlich fortdauert. Die Zeit des Menschen ist ein kurzer, zeitlicher Abschnitt, die Zeit Gottes verkörpert die Ewigkeit. Die griechischen Mythen haben – in ihrer alles umfassenden Sicht – mit Kronos den Vertreter der Zeit gefunden. Als er seinen Vater Uranos entmannt und ihm die Hoden abschneidet, zerstört er die Quellen des Lebens. Als die Hoden ins Meer fallen, wird Aphrodite, die Göttin der Liebe, geboren. Kronos verschlingt seine eigenen Kinder. Mit ihm beginnt das Gefühl der Dauer.

Von all den symbolischen Darstellungen der Zeit ist sicherlich jene, die einen Greis mit einer Sichel zeigt, die berühmteste. Diese Darstellung kehrt in der Kunstgeschichte immer wieder. Ein weiteres Symbol für die Zeit wird durch die Schlange dargestellt, die sich in den Schwanz beißt: das Uroboros-Symbol. Aufgrund ihrer kreisartigen Form führt die Schlange ein zyklisches Symbol ein, und da sie sich in den Schwanz beißt, bewirkt sie eine Umwandlung von Leben und Tod: Leben, da sie ein sexuelles Symbol für die Selbstbefruchtung ist, und Tod, da die Schlange sich ihr eigenes Gift einflößt; der Tod geht aus dem Leben hervor, ebenso wie das Leben aus dem Tod hervorgeht.

Das Uroboros-Symbol wird auch durch ein Rad dargestellt, was an das Bild einer nie enden wollenden Bewegung denken läßt. Es ist die Seele des Universums und – indem es Leben gibt –, schafft es die Dauer.

is eternity. The Greek myths, with their universal vision, found Cronus to be the personification of time. By cutting his father's Uranus testicles he cuts off the source of life, which, falling into the sea, give birth to Aphrodite, the goddess of love. Above all, Cronus devours his own children. With him the feeling of time comes into existence.

Of all the symbolic representations of time, undoubtedly the most well known is that of an old man with a sickle. It recurs again and again throughout the history of art. Another symbol of time is the serpent which bites into its own tail, Uroborus. Through its circular form the serpent introduces the cyclical symbol and, biting its own tail, completes the transmutation between life and death: life because it is a sexual symbol of autofecundation, and death because the serpent injects itself its own poison. Thus death comes from life, just as life comes from death.

Uroborus is also represented as a wheel, which reminds one again of an image of movement toward infinity. It animates the universe and through this, gives life and creates duration.

The hour-glass, with the constant and regular fall of its sandgrains, best symbolizes time which runs out. It creates a cycle within time.

The 20th century has never used such symbols to express time, but employs other tricks to do the same thing. When analyzing the different aspects of time we can discuss them by introducing one of the simplest concepts which is arranged around three elements: the present, the past and the future. Janus, as we have already said, expresses this idea quite well with his two heads, one looking back to the past and the other into the future.

Augustinus said that "the present is trifold. The present is the only dimension that really is. The past is a memory of the present. The future is a present kind of waiting". Without any doubt, to him time has a subjective character: the soul is where time flows.

An analysis of different aspects of time as they appear in art allows one to discover an unexpected richness when discussed with relevance to the four following elements: succession, transformation, duration and simultaneity. Each of these aspects finds

Die Sanduhr symbolisiert aufgrund des konstanten und regelmäßigen Rieselns der Sandkörner die vergehende Zeit. Sie schafft zeitliche Zyklen.

Im 20. Jahrhundert wurde diese Art der Symbole nicht verwendet. Man griff vielmehr auf andere Raffinessen zurück, um die Zeit auszudrücken. Wenn wir die verschiedenen Aspekte der Zeit analysieren, so können wir dies auf sehr einfache Art und Weise mit Hilfe von drei Begriffen tun: mit Hilfe der Gegenwart, der Vergangenheit und der Zukunft. Der Gott Janus, von dem bereits die Rede war, bringt diese Idee sehr gut zum Ausdruck, da einer seiner Köpfe in die Vergangenheit und der andere in die Zukunft blickt.

Der Heilige Augustinus sagte, daß „die Gegenwart drei Dimensionen hat. Die Gegenwart ist die einzige Dimension, die wirklich ‚ist'. Die Vergangenheit ist die Erinnerung einer Gegenwart. Die Zukunft ist ein gegenwärtiges Warten." Die Zeit ist für ihn zweifellos etwas Subjektives: Die Seele ist der Ort, wo die Zeit vergeht.

Trotzdem ist die Analyse der Aspekte der Zeit, wie diese sich in der Kunst darstellen, etwas sehr Bereicherndes, wenn man mit Hilfe der folgenden vier Begriffe an die Sache herangeht: Aufeinanderfolge, Werden, Dauer und Gleichzeitigkeit. Jeder dieser Aspekte findet in unserer täglichen Sprache Ausdruck: Aufeinanderfolge: „Tag für Tag". Werden: „Ich habe ihn gesehen, aber ich habe ihn nicht wiedererkannt." Dauer: „Die Zeit ist überhaupt nicht vergangen." „Dieser Moment erschien mir unendlich lang." Gleichzeitigkeit: „und zur gleichen Zeit …"

Die Aufeinanderfolge besteht aus der Abfolge von Momenten, die in einer genau festgelegten Ordnung ablaufen. So kann eine Linie, die eine Bewegung beschreibt (eine Serie von Punkten), ein Symbol für die Zeit sein.

Die Aufeinanderfolge von Augenblicken, die ineinander übergehen, ist bei der Ornamentik der Trajan-Säule in Rom zu sehen. Eine Spirale stellt eine ununterbrochene Kontinuität von Geschehnissen dar, die in einem Flachrelief dargestellt sind. Das Bogenfeld der Kathedrale in Straßburg liefert ein weiteres Beispiel: Ein durchgehendes Relief erzählt die Geschichte Christi.

Der Aspekt des Augenblicks spielt auch im Impressionismus eine Rolle. Hauser hat in seinem

its expression in everyday language: succession: "day after day", transformation: "I saw him but I did not recognize him"; duration: "I did not feel time pass"; "this moment seemed endless to me"; simultaneity: "and at the same time…".

Succession is composed of a series of moments following each other in an irreversible order. Thus a line which describes a movement (an alignment of points) can be a symbol of time.

A succession of moments is perfectly shown in the decoration of Trajan's column in Rome: a spiral band covered with low-relief represents uninterrupted continuity. The tympanum of Strassburg cathedral provides us with another example: a low-relief tells the story of Christ in a continuous narrative.

Time in its momentariness is also found in impressionist art. In his *Sozialgeschichte der Kunst und Literatur (Social History of Art and Literature)* Hauser analyzed the great dynamic revolution which began with impressionism, even before the advent of cubism. In impressionism the immediate content is attributed very little importance and the theme of the painting stays in the background. The major interest of the artist is concentrated on the moment, a precise moment of the day when the light conveys a certain tone. When Monet painted a series of paintings of the cathedral of Rouen, it was not the cathedral that counted but the light illuminating it at a particular moment of the day. Space is fixed, the painter remains in a static position; only the light changes. It becomes the most important element of the painting. The surface no longer has a timeless colour, as it was the case in Renaissance painting. It decomposes into individual dashes of colour applied with a paint brush, to be reassembled again by the viewer's eye: light is being decomposed and re-composed. The painting becomes an expression of an atmospheric moment. In this case the painting no longer plays with continuity but embraces a moment which is measurable as a point between two other points on a continuous line of which we have just spoken.

A succession of moments can also be observed in Severini's paintings which subdivide a series of movements into very short moments succeeding

Werk *Sozialgeschichte der Kunst und Literatur* den großen dynamischen Umbruch analysiert, den der Impressionismus – noch vor dem Kubismus – eingeleitet hat. Der Impressionismus schenkt dem unmittelbaren Inhalt nur eine geringe Bedeutung, das Thema des Gemäldes ist zweitrangig. Der wichtigste Aspekt ist für den Künstler der Augenblick, ein bestimmter Moment des Tages, in dem das Licht einen besonderen Farbton hat. Als Monet eine Reihe von Bildern von der Kathedrale in Rouen malt, steht nicht die Kathedrale im Mittelpunkt, sondern das Licht, das sie zu einem bestimmten Zeitpunkt beleuchtet. Raum und Maler bewegen sich nicht, nur das Licht ändert sich. Das Licht wird zum wichtigsten Element des Bildes. Die Oberfläche hat nicht mehr jene zeitlose Farbe wie in der Renaissance. Sie zerfällt in – durch Pinselstriche gesetzte – Farbflecken, die das Auge wieder zusammenfügt: zersetztes und wieder zusammengesetztes Licht. Das Gemälde wird Ausdrucksmittel einer bestimmten Atmosphäre. In diesem Fall stellt das Bild nicht mehr eine Kontinuität dar, sondern einen meßbaren Augenblick, das heißt einen Punkt zwischen zwei anderen Punkten auf jener Art Linie, von der vorher die Rede war.

Eine Aufeinanderfolge von Augenblicken ist in den Bildern von Severini zu beobachten, bei denen eine lineare Bewegung in sehr kurze, aufeinanderfolgende Augenblicke aufgefächert wird. Oder auch im Werk von Duchamp *Akt, eine Treppe herabsteigend,* wo nur einzelne Bewegungsabschnitte sichtbar sind.

In der Architektur ist diese Form der linearen Aufeinanderfolge im Bahnhof von Rom zu sehen. Ein gewölbtes Dach führt vom Eingang zu den Bahnsteigen. Auf den Bahnsteigen setzt sich die Bewegung der Architektur durch die Beschleunigung der abfahrenden Züge fort. In der Eingangshalle werden die Träger von Glasflächen unterbrochen, die die Bewegung in Richtung der Kartenschalter umkehren. Das Ganze hat einen formalen Aspekt, der an die Bilder von Balla erinnert.

Der zweite Aspekt in der Analyse der Zeit, das Werden, wird schon von Heraklit beschrieben. Wir werden diesen Aspekt mit Hilfe seiner Worte analysieren: „Für die Seelen bedeutet sterben, sich in

each other or in the *Nude descending a staircase* by Duchamp where the successive phases of the movement are the only visible things.

In architecture, this form of linear succession is achieved in Rome's railway-station. A curved roof leads from the entrance to the platforms. The platforms themselves perpetuate the movement of the architecture through the acceleration of departing trains. In the entrance hall, beams are interrupted by glass components, reversing the direction of the movement and guiding it toward the ticket offices, in a formal gesture that reminds us of Balla's paintings.

The second aspect of time in this analysis, transformation, has already been described by Heracleitus, and I would like to use his own words to explain it: "For the souls, dying means to be changed to water, for the water, dying means to become earth and from the earth springs the water, and from the water rises the soul...".

"Immortal mortals, mortal immortals—our life is their death and our death is their life." "You can never go down to the same river twice, neither can you touch a perishable substance twice in the same condition, because through its short life and the rapidity of its transformation it is being dissolved and put together again, or rather neither again nor after. At the same time it is pulled together and drawn back into shape. It appears and disappears."

Up to the early 19th century, the ever changing character of all matter illustrated by Ovid in his *Metamorphoses* did not seem to be of great interest to philosophers. "Everywhere the strangest disorder. When something disappears, something else takes its place" (Hegel).

His philosophy analyses history as a dialectic movement. He is interested in passing moments. He writes: "The transformation of the transformation is a reversion, the leap from a change to another distinct in quality. It occurs when a certain degree of quantitative modification of the first transformation has been achieved. Thus the growth of quantity entails the change of quality. Inversely, every (quantitative) modification is done by the repeated juxtaposition of unities, of quantitative singularities. The progressive lowering of the temperature of water

Wasser zu verwandeln. Für das Wasser bedeutet sterben, zu Erde zu werden, und von der Erde kommt das Wasser und vom Wasser kommt die Seele ..."

„Unsterbliche Sterbliche, sterbliche Unsterbliche. Unser Leben ist ihr Tod und unser Tod ihr Leben ..." „Niemand kann zweimal in denselben Fluß steigen und auch nicht zweimal eine vergängliche Substanz im gleichen Zustand berühren, denn durch die Schnelligkeit der Veränderung zersetzt sie sich und vereinigt sich wieder oder sie vereinigt sich vielmehr überhaupt nicht mehr. Gleichzeitig sammelt sie sich und zieht sich zurück, sie taucht plötzlich auf und verflüchtigt sich."

Die ständige Veränderung einer Sache, wie sie in den *Metamorphosen* von Ovid aufgezeigt wird, scheint für die Philosophen bis zum Beginn des 19. Jahrhunderts kein zentrales Thema zu sein.

„Überall das bunteste Gewühl; wenn etwas untergeht, nimmt etwas anderes sofort seinen Platz ein." (Hegel). Seine ganze Philosophie analysiert die Geschichte, als wäre sie eine dialektische Bewegung. Er interessiert sich für die Momente des Durchgangs. „Die Veränderung der Veränderung ist eine Umkehr, der Sprung von einer Veränderung zu einer anderen, die sich qualitativ unterscheidet. Es kommt zur Veränderung, wenn die erste Veränderung einen gewissen Grad an quantitativer Veränderung erreicht hat. Die Zunahme der Quantität bringt also die Veränderung der Qualität mit sich. Umgekehrt findet jede (quantitative) Veränderung durch das wiederholte Beifügen von Einheiten, von quantitativen Einzelschritten statt. Das stufenweise Absenken der Wassertemperatur verursacht bei Null Grad die Umwandlung in feste Materie und bei 100 Grad die Umwandlung in Dampf.

Technisch erreicht man eine Veränderung der Qualität, indem man auf die Quantität der Veränderung einwirkt."

Der gleiche Begriff der dialektischen Bewegung der Geschichte – diesmal aber vom materialistischen Standpunkt aus betrachtet – bildet den Kern einer Philosophie, deren Einfluß entscheidend in unserem Jahrhundert war, nämlich des Marxismus.

Die Zeit als Werden ist eine Reihe von miteinander verknüpften Transformationen. Wir sind vom

down to zero degrees Celsius makes the water go solid, and at 100 degrees Celsius it vaporizes. Technically speaking, the change of quality is obtained by influencing the quantity of a change".

The same concept of the dialectic movement of history, but rather from the materialistic point of view, is at the heart of a philosophy which has greatly influenced our century: Marxism.

Time as a transformation can be seen as a series, a chain of transformations. We are fascinated by the spectacle of rapid metamorphoses which take place in everyday life, in our natural environment and in all fields of knowledge.

The notion of transformation which is present in our contemporary world has been particularly well explored in Goetheanum heating station. We have already analysed the concept of the phallic element which turned into a tree. There is an obvious connection between Steiner's own house and this heating station. The house assumes the form of a flower bud, the image manifesting itself in the modelling of the roof. The façade is flush with the axis of the Goetheanum. But the roof of this building opens up in a gesture: it conveys the feeling that somebody is raising an arm to grasp the whole cosmos. This gesture is clearly visible from both sides of the upper portion of the façade. The roof is rounded much as a skull. In his philosophy Steiner compares the aspect of a palm leaf to something that opens to the cosmos and to that of the flower bud which represents the earth. From the first we pass to the second, from the closed to the open element: this is transformation.

Another example is provided by the crematorium designed by Asplund which we have already presented. The natural space surrounding the crematorium is directed toward the entrance hall, where, through the integration of the plastic art of Carl Miles, a sculpture at the focal point represents a dead person lying on the floor, followed by a succession of figures, who, each in a more upright position than the previous one, finally pass through the opening in the roof. This is the expression of the passage from one life to the other, a transformation.

Duration is a means of opposing time as we experience it to "real" time. For Bergson, time is something that we feel rather than experience. In our

Schauspiel der Metamorphosen fasziniert, die überall in einem beschleunigten Rhythmus aufeinanderfolgen: in unserem Alltagsleben, in der Natur, die uns umgibt, und in sämtlichen Wissensgebieten.

Der Begriff des Werdens, der in der heutigen Welt so präsent ist, kommt besonders gut beim Heizhaus des Goetheanums zum Ausdruck, dessen phallisches Element, das zu einem Baum wird, wir bereits analysiert haben. Es besteht ein direkter Zusammenhang zwischen Steiners eigenem Haus und diesem Heizhaus. Das Haus hat die Form einer noch nicht aufgeblühten Blume, die Form einer Knospe. Dieses Bild tritt bei der Formgebung des Daches deutlich hervor. Die Fassade liegt in der Achse des Goetheanums. Aber das Dach des Gebäudes öffnet sich wie mit einer Geste: Man hat den Eindruck, daß jemand die Arme hebt und sich dem Kosmos öffnet. Das ist von beiden Seiten des oberen Teils der Fassade sichtbar. Das Dach wird rund, als wäre es ein Schädel. Steiner vergleicht in seiner Philosophie den Palmenzweig mit etwas, das sich dem Kosmos öffnet, und mit der Knospe, die für ihn etwas ist, das mit der Erde in Verbindung steht. Vom ersteren gelangt man zum zweiten, von einem verschlossenen Element zu einem offenen. Das ist das Werden.

Ein weiteres Beispiel ist das Krematorium von Asplund, das wir bereits vorgestellt haben. Der ganze Raum der umliegenden Natur wird in Richtung Eingangshalle gelenkt, wo – unter Einbeziehung der plastischen Kunst von Carl Miles – durch eine Reihe von Skulpturen der Übergang von einem Leben zum anderen, also ein Werden ausgedrückt wird: beginnend mit einer toten, auf dem Boden liegenden Figur folgen Figuren, die jeweils in einer etwas aufrechteren Position als die vorausgegangenen dargestellt sind. Die letzte entschwindet in der Öffnung des Daches.

Die Dauer ermöglicht es, die gelebte Zeit der „wirklichen" Zeit gegenüberzustellen. Bergson bezeichnet Zeit eher als das, was man fühlt als erlebt. In der Erinnerung schafft das Bewußtsein eine Kontinuität zwischen der Vergangenheit und der Gegenwart: „Sie (die Dauer) ist Erinnerung, aber die innere Erinnerung der Veränderung selbst, eine Erinnerung, die das Vorher in das Nachher verlängert und sie dabei hindert, bloße Augenblicke zu

memory, the consciousness forms a continuity between past and present: "It (duration) is memory, but the interior memory of the change itself, a memory which extends the before into the after and prevents them from being pure instantaneous phenomena appearing and disappearing in a present which will come to life again and again. A melody to which we listen, eyes closed, thinking but of it, comes very near to the point where it conincides with time, the fluid of our inner life. But it still has too many qualities, it is too exactly determined. To be able to discover fundamental time we would first have to eliminate the difference between the individual tones, then abolish the determining features of sound itself, to keep in the following only the continuation of what preceded it; to keep transition without interruption, multitude without division and succession without separation".

For Bergson every moment of our inner life corresponds to a moment in our bodies and in the whole environment, which he claims to be simultaneous. He extends this duration to the whole world, even to the universe, which he thinks to be the link between individual minds.

Art is able to express time in its duration. In his *Remembrance of Things Past Marcel Proust* superimposes the present on the time of his memory. A sensation—taste, sound—brings the past to mind. We feel time pass. Another example can be found in the work of Richard Strauss *Death and Transfiguration,* where the moment of death allows him to speak about the past. Everything is possible in this musical moment.

In *The Magic Mountain* Thomas Mann expresses duration by playing with real time measured by a clock, and time as it is experienced by a young man lost in the snow.

In his painting *Conquest of a philosopher* Chirico introduces an original representation of the time we experience. A canon with two canonballs points toward an opening in a building. On the top of the painting rises a clock under which a train passes, in reference to his father's profession. The entire work calls the image of Cronus to mind and the monument of Carystos at Delos. At the base of the canon, two artichokes represent twins, a reference

sein, die in einer Gegenwart, die immer wieder neu entsteht, erscheinen und verschwinden. Eine Melodie, die wir mit geschlossenen Augen hören und an die wir ausschließlich denken, fällt beinahe mit die-
Zeit zusammen, die der Fluß unseres Innen-

zu-
tale
hied
tim-
affen
dem,
s un-
Inter-
ng.“
es In-
nd der
hzeitig
esamte
ihn ein
3tseins-

cken. In
nen Zeit
und die
schmack,
)üren die
Tod und
t, in dem
, die Ver-
sem musi-

n Der Zau-
el zwischen
gemessen
der sich im

Schnee verin r u., irt.

De Chirico stellt in seinem Bild *Conquista di un filosofo* die erlebte Zeit auf sehr originelle Weise dar. Eine Kanone mit zwei Geschützkugeln zielt auf eine Gebäudeöffnung. Auf dem Bild oben befindet sich eine Uhr, unter der ein Zug fährt, womit er auf den Beruf seines Vaters Bezug nimmt. All das erinnert an das Bild von Kronos und ist auch im Zusammenhang mit dem Monument von Carystos in Delos zu sehen. Am Fuße der Kanone sieht man zwei Artischocken, die wie Zwillinge aussehen, eine

to Castor and Pollux but also to Chirico and his own brother. The time announced by the clock is not the same as the time in the shadow. The chimneys in the background are repeated as sexual elements. Everything is placed into an empty, static world, where nothing seems to happen. Here Chirico expresses the problem of inner time, the communion of the past and the present, which amounts to duration. This vision refers to the infinity in himself.

This sensation of duration can also be found in the Finnish Pavilion that Alvar Aalto built for the exhibition in New York in 1939. The upper portion of the building, with its curved forms, continues as far as the mural photographs which are integrated in the architectural space illustrating the landscape of the country. The middle portion represents the Finnish people after work, and the lower portion is conceived as an exhibition space for local products. One can feel the totality of a country, a collective act, which is conveyed by this succession of images, much as the notes of the melody of which Bergson spoke: as a continuous unity assembled from tones which seem to extend into the infinite perspectives of Finnish nature. The photomontage and the exhibited articles perfectly render the impulse of the country. The movement of the beholder in this organic space is structured in a way that he perceives a way of living.

The third aspect of time is simultaneity. It is the possibility of two or more events entering a unique and synchronous perception in one and the same mental act.

Einstein was the man who changed the concept of physics: "The world of physical events, which Minkowski briefly calls 'world', is naturally a four-dimensional one, in the sense of space-time, as it is composed of individual events each of which is determined by four numbers; namely three co-ordinates of space x, y and z and a co-ordinate of time, T. The world in this sense is also a continuum, as for each event there is a number of 'neighbouring' events (real or imaginative) from which the co-ordinates x, y, z, T differ so little that one would like to employ the co-ordinates x, y, z, T of the first event we have considered". The concept of a fourth

Bezugnahme auf Kastor und Pollux, aber auch auf De Chirico und seinen Bruder. Die Uhrzeit der Uhr und die Uhrzeit, die durch den Schatten angezeigt wird, stimmen nicht überein. Die Rauchfänge im Hintergrund gleichen sexuellen Elementen. Alles ist in einer leeren, statischen Welt angeordnet, wo nichts zu geschehen scheint. De Chirico bringt hier das Problem der inneren Zeit zum Ausdruck, die Vereinigung von Vergangenheit und Gegenwart, was nichts anderes als die Dauer ist. Diese Vision ist lediglich sein unbegrenztes Inneres.

Der Aspekt der Dauer findet sich auch im finnischen Pavillon, den Alvar Aalto für die Weltausstellung 1939 in New York realisiert hat. Der obere Teil des Gebäudes mit seinen durchgehenden kurvigen Formen und den Wandphotos, die sich in den architektonischen Raum fügen, zeigt Finnland. Der mittlere Teil stellt die Bevölkerung nach der Arbeit dar, und im unteren Teil sieht man lokale Produkte. Man spürt das gesamte Land, eine kollektive Aktion, die von Bildern geschaffen wird, die wie die Noten einer Melodie aufeinander folgen, wovon Bergson gesprochen hat. Es ist wie eine durchgehende Einheit, die aus Klängen besteht, die sich in den nicht enden wollenden Perspektiven der finnischen Natur zu verlängern scheinen. Die Photomontage und die Gegenstände erinnern an die pulsierende Kraft des Landes. Die Bewegung des Betrachters in diesem organischen Raum ist so strukturiert, daß er dieses Leben wahrnimmt.

Der dritte Aspekt der Zeit ist die Gleichzeitigkeit. Es ist die Möglichkeit, daß zwei oder mehrere Ereignisse vom Geist gleichzeitig wahrgenommen werden.

Einstein hat die Begriffswelt der Physik verändert. „Die Welt der physikalischen Ereignisse, die Minkowski kurz als ‚Welt' bezeichnet, ist in dieser Raum-Zeit-Bedeutung natürlich vierdimensional, da sie aus individuellen Ereignissen besteht, wovon jedes dieser Ereignisse von vier Zahlen bestimmt ist, das heißt von drei Raumkoordinaten x, y, z und einer Zeitkoordinate T. In diesem Sinn ist auch die Welt ein Kontinuum, denn für jedes Ereignis gibt es eine unbestimmte Anzahl von ‚Nachbarereignissen' (wirkliche oder imaginäre), deren Koordinaten sich nur geringfügig von den Koordinaten x, y, z, T des

dimension in addition to the three axes of height, length and width, and the inclusion of time as an element which is inseparable from space, has conquered and now dominates our whole life and present thinking. A new way of seeing the universe was born.

Universal reality is made up of relative and mobile points of view. The observer, although trying to find a unit of impersonal time, is subject to different internal time durations. Thus there is no absolute reference, no privileged system, insofar as the observer will not know whether his system is in movement or at rest. The concept of different perceptions of time that are seized in one and the same act, amounts to what is called simultaneity. Let's bring in an example: a person taking a walk, a river flowing in the opposite direction and a bird flying into even another direction. The movement of these three elements is carried out by each of them at a certain speed. In addition the walker perceives his own inner duration. Through his consciousness he embraces the three moments at the same time: he experiences simultaneity.

20th century literature offers an admirable example of simultaneity: In *Ulysses* James Joyce draws up a résumé of our time. Hermann Broch said about this work that it was "the totality" of "the universal everyday life of that time, impossible to approach in its infinity with its innumerable facettes, which conveys the spirit of the time the face of which has already become almost indescernible". And he added that it was "the mirror of the time's spirit": *Ulysses* is the account of a day in the life of a petit-bourgeois before 1914, named Leopold Bloom. He knows about the events of his time by reading the newspaper headlines. The reader follows him on June 16, 1904, from nine o'clock in the morning until three o'clock the next morning, revealing a stereotyped life of an equally stereotyped existence. His wife Molly is just as stereotyped as he is, as is Stephen Dedalus, the intellectual. Bloom gets up, makes breakfast for Molly, goes to work, attends a funeral, goes to the public baths, has lunch, goes back to work again, dines at the restaurant, meets Dedalus, and later takes a walk on the beach. At the end of the day he again meets Dedalus, goes to a

primären Ereignisses unterscheiden." Der Begriff einer vierten Dimension, die zu den drei Achsen Höhe, Länge, Breite hinzukommt, also die Einbeziehung der Zeit als ein mit dem Raum untrennbar verbundenes Element, hat das gesamte Leben und Denken unserer Tage durcheinander gebracht. Eine neue Art, das Universum wahrzunehmen, wurde geboren.

Die universelle Realität besteht aus relativen und mobilen Gesichtspunkten, und der Beobachter unterliegt verschiedenen internen Dauerzeitspannen, obwohl er bemüht ist, die Einheit einer unpersönlichen Zeit zu finden. Es gibt also keinen absoluten Bezugspunkt, kein bevorzugtes System, sodaß der Betrachter nicht sagen kann, ob sein System in Bewegung ist oder nicht. Den Begriff der verschiedenen Wahrnehmungen der Zeit, die in einem einzigen Akt stattfinden, nennt man Gleichzeitigkeit. Nehmen wir ein Beispiel: Eine Person geht spazieren, ein Fluß fließt in eine andere Richtung, und ein Vogel fliegt in wieder eine andere Richtung. Die Bewegung dieser drei Elemente erfolgt mit drei verschiedenen Geschwindigkeiten. Darüber hinaus nimmt der Spaziergänger die eigene innere Dauer wahr. Trotzdem erfaßt sein Bewußtsein die drei Momente: Er erlebt die Gleichzeitigkeit.

Die Literatur des 20. Jahrhunderts liefert uns ein sehr gutes Beispiel für die Gleichzeitigkeit: *Ulysses* von Joyce. Das Buch ist ein Abriß unserer Zeit. Hermann Broch sagte über dieses Werk, daß es „die Gesamtheit des universellen Alltagslebens jener Zeit verkörperte, ein Leben, das man in seinen unendlichen Facetten nicht begreifen kann, die der Geist jener Zeit umfaßt." Er fügte hinzu, daß es „der Spiegel des Geistes jener Zeit" war.

In *Ulysses* wird ein Tag aus dem Leben des Kleinbürgers Leopold Bloom vor dem Jahr 1914 beschrieben. Das Zeitgeschehen kennt er aus den Schlagzeilen. Jener Tag, der 16. Juni 1904, an dem ihm der Leser von neun Uhr morgens bis drei Uhr in der Früh folgt, gibt lediglich Aufschluß über ein banales Leben, eine banale Existenz. Seine Frau Molly ist ebenso banal wie er und wie der Intellektuelle Stephen Daedalus. Bloom steht auf, richtet das Frühstück für Molly, geht zur Arbeit, geht zu einem Begräbnis, geht in ein öffentliches Bad, ißt zu

bordello, goes out with Dedalus and finally falls asleep beside his wife. These eighteen hours of his life are described in more than twelvehundred pages, adding up to more than sixtyfive an hour, which is more than a page a minute. In this work, the reader's time differs from that of the real time of the book if one considers the two simultaneously. Joyce also refers to Homer's *Ulysses:* the endless years which lead him from his first travels to the promised land. Different moments of the day in the book are translated into these two different spatial co-ordinates. All these levels seen simultaneously, comprise the expression of this aspect of space-time. Broch also said with reference to Joyce's book: "It is always simultaneity that is important, the synchronic existence of infinite possibilities to represent the symbolic object in all its facettes. Everywhere one can feel the effort to capture and enlace, through chains of symbols which have to be expressed simultaneously, in the best possible way, the infinity of nature we cannot grasp, where the world is situated and of which reality is composed". To achieve this Joyce makes language explode. He re-invents language.

In painting the most obvious example is provided by Picasso. Indeed Picasso does not look at his model from only one point of view. He takes up Cézanne's ideas and develops them much further. Cézanne starts moving around the model to view it from different angles. He takes these different moments and superimposes them to finally present a simultaneous view of these movements. Picasso also resorts to this method. He takes the step from volumetric painting to atmospheric painting, then planimetric, to the inclusion of objects, which makes it no longer a painting, to organicism and finally to emotional explosion. He explores this vision of the fourth dimension with the utmost consistency, but the basis of what he uses in painting is very near to Joyce's method in literature. He succeeds in expressing the continuum of space-time. The futuristic movement had also expressed this vision of space-time. As opposed to Picasso's cubism, the object is moving while the beholder remains immobile: two aspects which are very closely related to the concept of a fourth dimension.

Mittag, geht wieder arbeiten, ißt im Restaurant zu Abend, trifft sich mit Daedalus und geht anschließend am Strand spazieren. Am Ende des Abends trifft er sich erneut mit Daedalus, geht ins Bordell, geht mit Daedalus aus und kehrt schließlich ins eheliche Bett zurück. Die Beschreibung dieser 18 Stunden seines Lebens erstreckt sich auf mehr als 1200 Seiten, das sind mehr als 65 pro Stunde und mehr als eine Seite pro Minute. In diesem Spiel unterscheidet sich die Zeit des Lesers von der wirklichen Zeit des Buches, wobei beide als gleichzeitig betrachtet werden. Es wird auch auf *Odysseus* von Homer Bezug genommen: Die langen Jahre, die er braucht, um nach seiner Reise ins gelobte Land zurückzukehren, und die verschiedenen Momente des Tages im Buch werden in diesen beiden verschiedenen Raumkoordinaten ausgedrückt. All diese Register, die gleichzeitig betrachtet werden, sind Ausdruck dieses Raum-Zeit-Aspektes. Zum Buch von Joyce hat Broch auch noch folgendes gesagt: „Es ist immer die Gleichzeitigkeit, die wichtig ist, es ist die Gleichzeitigkeit der unendlichen Möglichkeiten, den symbolischen Gegenstand in Facetten aufzusplitten. Man spürt überall das Bedürfnis, mit Hilfe von Symbolketten, die – so gut wie möglich – gleichzeitig ausgedrückt werden müssen, das Unendliche der unfaßbaren Natur zu erfassen und zu ergreifen, die der Ursprung der Welt und der Realität ist." Um das zu tun, wirft Joyce die Sprache über den Haufen, er erfindet sie neu.

In der Malerei drängt sich das Beispiel Picassos auf. Picasso betrachtet sein Modell von verschiedenen Gesichtspunkten. Er führt die Ideen von Cézanne noch weiter. Cézanne hatte begonnen, um das Modell herumzugehen und es von verschiedenen Punkten aus zu betrachten. Er nimmt diese verschiedenen Momente, legt sie übereinander und präsentiert eine gleichzeitige Sicht dieser Bewegungen. Picasso macht sich diese Methode zu eigen. Er wechselt von einer volumetrischen zu einer atmosphärischen, später zweidimensionalen Malerei. Er bezieht den Gegenstand mit ein, der aufhört, Malerei zu sein, und geht zur organischen Darstellung und schließlich zum emotionalen Ausruch. Er nutzt die Vision der vierten Dimension mit allen Konsequenzen aus, aber die Grundlage, die er in der Malerei verwen-

Gabo's and Pevsner's constructivism suppresses the principle of the figurative object in keeping only lines and planes intersecting in space. Eisenstein in his *Battleship Potemkin* conceives his film as a play with time, starting at a very slow pace and building up through crescendo to rebellion and the following cut, with the scene of the mariner lying dead on the beach. Another crescendo after the rebellion in the town makes everything develop at a faster pace up to the famous scene of the steps. A new cut: battle is being prepared and the pace accelerates, becoming faster and faster up to the point when the mariners feel solidarity with their fellow-mariners. Three crescendos, three accelerations of speed, form the structural framework of this film. This approach places Eisenstein's film close to the main aim of constructivists: that of dynamic expression.

In architecture Frank Lloyd Wright plays extraordinarily with the fourth dimension especially in his house "Fallingwater". So many movements are superimposed simultaneously! As in all of Wright's works, a central nucleus, a chimney, rises powerfully from the ground to the sky. From this nucleus emanate all kinds of geometrical forms in a strong horizontal and orthogonal movement. In this work the conception of space is boundless. Thus the violent movement emanating from the central nucleus is easy to interpret. As Wright conceives the landscape as a work of art that needs to be finished, he sees his house as a mountain with the silhouette of a pyramid, reinterpreting the notion of the center of the world, which is expressed by the two orthogonal elements. He sites the house on the ground in quite a particular way. He places it on a river which culminates in a waterfall, and by doing so, its real movement, the speed of the water and that of the fall are being opposed to the virtual movements of the different elements of the house, which issue from it and point upward. The river is a basic element, inseperable from his architecture, much as the waterfall: two opposing movements, the one of the chimney, of the fire drawn to the sky and that of the waterfall falling to the ground. Obviously these two movements are deeply rooted in an ancient symbolism: that of opposites and a play on the four elements.

det, kann mit der Methode, die Joyce in der Literatur anwendet, verglichen werden. Es gelingt ihm, das Raum-Zeit-Kontinuum auszudrücken. Der Futurismus hat ebenfalls diese Raum-Zeit-Vision zum Ausdruck gebracht. Im Gegensatz zum Kubismus von Picasso bewegt sich hier das Objekt, während der Betrachter stillsteht. Das sind zwei Aspekte, die im Zusammenhang mit der Idee der vierten Dimension zu sehen sind.

Der Konstruktivismus von Gabo und Pevsner gibt das Prinzip des bildlichen Objektes auf und läßt lediglich Linien und Ebenen zu, die sich im Raum schneiden. Eisenstein konzipiert seinen Film *Panzerkreuzer Potemkin* als ein Spiel mit der Zeit. Der Anfangsrhythmus ist sehr langsam und wird dann immer schneller bis hin zum Tumult und dem darauffolgenden Stillstand mit der Szene des Matrosen, der tot am Strand liegt. Nach dem Tumult in der Stadt kommt es zu einem neuerlichen Crescendo, was den Rhythmus immer schneller werden läßt bis zur berühmten Szene auf der Stiege. Neuerlicher Stillstand, Vorbereitung des Kampfes, der Rhythmus wird schneller, schwillt an bis zum Ende, wo sich alle Seeleute der Sache ihrer Kameraden annehmen. Drei Crescendi also, drei Beschleunigungen des Rhythmus bilden den strukturellen Rahmen des Films. Sogesehen ist der Film Eisensteins dem Hauptziel der Konstruktivisten sehr nahe: dem des dynamischen Ausdrucks.

In der Architektur hat Frank Lloyd Wright auf außergewöhnliche Art und Weise mit der vierten Dimension gespielt, vor allem bei seinem Haus Fallingwater. Wieviele Bewegungen, die sich gleichzeitig überlagern! Wie in allen Werken von Wright gibt es einen zentralen Kern, wo der Kamin steht. Dieses Kernstück ragt kraftvoll aus der Erde hervor. Von diesem zentralen Kernstück aus nimmt – in horizontaler und orthogonaler Bewegung – eine Reihe von geometrischen Formen ihren Ausgang. Die Konzeption des Raumes ist in diesem Werk unbegrenzt. Die heftige Bewegung, die vom zentralen Kern ausgeht, ist leicht erkennbar. Da Wright die Landschaft als Kunstwerk auffaßt, das es zu vollenden gilt, betrachtet er das Haus als Berg, der die Silhouette einer Pyramide hat, und nimmt den Begriff des Mittelpunktes der Welt mit den beiden ortho-

SCULPTURES
The sculptures can say things That architecture cannoT. Nobody can live in a to Tragic building.
This dynisiac side of myself comes out in my sculptures

From Time to Time I did diabolique Trinitys. From TimeTo Time a man and the beast as expression of evil.

Also I did supperpositions of Eros and Thematos.

Also I was interested by The equilibrium of conTraris, and also The Janus passionated me strongly.

gonalen Elementen wieder auf. Er plaziert dieses Haus auf besondere Weise im Gelände. Er stellt es auf einen Fluß, der in einem Wasserfall endet, sodaß die reale Bewegung des Hauses, die Geschwindigkeit des Wassers und jene des Wasserfalls der virtuellen Bewegung der verschiedenen sich abhebenden Elemente des Hauses gegenüberstehen. Der Fluß ist, wie übrigens auch der Wasserfall, ein essentielles Element, das untrennbar mit seiner Architektur verbunden ist: Zwei Bewegungen stehen einander gegenüber, die Bewegung des Kamins, des Feuers, das in Richtung Äther aufsteigt, und die Bewegung des Wasserfalles, der zur Erde hinabfällt. Diese beiden Bewegungen wurzeln in einer alten Symbolik: Gegensatz und Spiel der vier Elemente.

Wenn man von der Straße her kommt, schaffen der Raum und die Elemente der Architektur eine Bewegung, die den Betrachter um das Haus herum zum Eingang leitet. Dort angekommen, sagt ihm die räumliche Anordnung auf natürliche Weise, daß er eintreten soll. Danach gelangt er – dank der Kontinuität der Räume – durch eine Spirale auf die große Terrasse im Freien. Wenn man sich dieses Haus ansieht, denkt man an die Überlagerung der symbolischen Ebenen, von denen Broch sprach. Aufgrund seines Natursteinkörpers ist das Haus eine Fortsetzung der Natur. Seine Glas- und Betonteile machen es zu einem Abbild der Technik, zu einem Produkt der Maschine. Das Haus hat die Aerodynamik eines Flugzeuges.

Die vierte Dimension Einsteins ist in dieser außergewöhnlichen Architektur wirklich vorhanden.

1982 habe ich mit einem meiner Schüler, Miguel Acosta, ein Projekt für die Tanzschule der Pariser Oper in Nanterre realisiert. Dazu gab es einen Wettbewerb, der vom Kulturministerium ausgeschrieben wurde. Unser Projekt war folgendermaßen konzipiert: eine einfache Basis im Erdgeschoß, wo sich die Verwaltungsräume, die Lehrsäle, die Schule und die Umkleideräume befanden. All das war mit kleinen Patios ausgestattet, die für eine gute Belichtung und Belüftung des Ensembles sorgten. Darüber befanden sich die Tanzsäle und das Internat. Die Plattform des Erdgeschosses und des ersten Geschosses sind durch Stufen verbunden. Um einen größeren Raum zu erhalten, werden zwei

Coming from the road, space and the elements of architecture create a movement which draws the viewer around the house to the entrance. From there, the arrangement of space naturally incites one to step inside, and then, through the continuity of space, one is drawn into a spiral and toward a large terrace. Looking at this house, one is reminded of the superimposition of the symbolic levels of which Broch spoke. And indeed, through the use of stone, it is a continuation of nature; through the glass and the concrete it is an image of technology, a man-made product with the aerodynamics of an aeroplane.

Einstein's fourth dimension is truly present in this remarkable architecture.

In 1982 I devised a project with one of my students, Miguel Acosta, for the Paris Opera School of Dance at Nanterre, in a competition organized by the Ministry of Culture. We wanted our project to be designed on a simple base on the ground floor housing the administrative offices, the course halls, the school and the cloak-room, separated by little patios to provide the whole with an airy and bright framework. Above we placed the dancing halls and the boarding-school. The platforms on the ground floor and on the first floor were integrated through stairs and, to obtain a much larger space, two dancing halls were arranged on top of each other. A dwelling unit was placed left of the entrance.

We wanted to adhere to the French tradition, the meanings and significations of which we have discussed above with the example of the Château de Chambord: a rigorously simple base and voluptuous forms in the upper portions. Therefore our building openly shows the folly of Gothic cathedrals. The rational design of the base and the cube which contains the rooms are opposed in a movement which interconnects with the other elements. To give the school's function a poetic feature we chose the pirouette as a figure of dance. By placing dance halls on top of each other, the larger ones on the smaller ones, we created an effect of torsion thus giving the sensation of a rotating movement running from the base to the top, which was underlined by the inclination of the pillars.

Tanzsäle übereinander angeordnet. Links vom Eingang befindet sich eine Wohneinheit.

Wir wollten bei diesem Projekt an die französische Tradition anknüpfen, deren Merkmale wir zuvor am Beispiel des Schlosses von Chambord gesehen haben. Eine sehr einfache Basis und Entfaltung der Formen im oberen Teil. Daher hat unser Gebäude die offensichtliche göttliche Abgehobenheit der gotischen Kathedralen. Der Rationalität der Basis und dem Quader mit den Wohnräumen steht die Bewegung gegenüber, von der all die anderen Elemente erfaßt werden. Um die Funktion der Schule zu poetisieren, haben wir den Begriff der Pirouette gewählt, die typisch für den Tanz ist. Mit der Überlagerung der Tanzsäle – die größeren liegen über den kleineren – beabsichtigten wir einen Effekt, der den Eindruck einer Drehbewegung von unten nach oben vermittelt und der die Neigung der Pfeiler hervorhebt.

Die Dächer haben die Form eines Hakenkreuzes. Das Zentrum, das betont wird, ist der Fixpunkt, der von allen Traditionen symbolisch als Pol dargestellt wird, da die Erde sich um ihn herum dreht. Es ist – wie das Rad – ein Symbol der Bewegung um einen unveränderlichen Mittelpunkt herum, der Ursprung, von dem die Bewegung ausgeht. Vom Ursprung ausgehend, bewegt sich die Schöpfung, das Symbol des Lebens, in Energieströmen weg. In unserem Projekt gibt es eine Reihe von Drehungen an verschiedenen Stellen.

Ein weiterer Aspekt ist am Eingang sichtbar. Eine Reihe von Gewölben ruft eine longitudinale Bewegung hervor, die vom Eingang weg das Projekt in seiner Länge durchquert und dann zu einem Tanzsaal in der Mitte des zentralen Platzes gelangt, dessen eigene Bewegung den Saal umgibt. Hernach steigt sie durch eine Reihe von Esplanaden auf und verläuft sich schließlich im Unendlichen des Himmels. Das ist ein Beispiel für Gleichzeitigkeit.

Die Technik der Zeit und das Produkt der Maschine
Seit Beginn des 19. Jahrhunderts ist ein Thema vorrangig geworden: der Ausdruck der Maschine und der Technik. Man findet dieses Thema im mittelbaren Inhalt der Werke von Baltard, Paxton und Labrouste, wo der Raum durch das Verhältnis der

The roofs are arranged in the form of a swastika. The thus enhanced center is a fixed point and as all traditions agree, acts as a symbolic pole around which the globe rotates. It is a symbol, much as the wheel, of a movement around an immobile center, the principle, the origin, from which movement emanates. This principle is the starting point of the turmoil of creation, the symbol of life and energy currents. In our project, a series of rotations can be found in different locations.

Seen from the entrance, another aspect becomes visible. A series of vaults induce a longitudinal movement, which, starting from the entrance, runs the whole length of the project to end in a dance hall at the middle of the central square, which, through its own momentum runs around it, the square ascending through a series of esplanades, and disappearing in the infinity of the sky. This is an example of simultaneity.

The technology of the time and the product of the machine
Since the beginning of the 19th century, one big theme has been interpreted again and again—the expression of the machine or of technology. It can be found in the mediate content of the works by Baltard, Paxton and Labrouste, where space is formed by arranging different iron elements in relation to each other. In the Villa Savoye, where the house becomes an image of the object built in an assembly line, the main thing is the object that has been produced by the machine; more so than the machine itself. Le Corbusier said that the house was a "machine to live in". In reality it becomes the expression of his image of an industrial product which has lost every decorative aspect; which, through its glass surfaces, becomes a perfect and smooth object. He deliberately wants to eliminate everything that seems superficial and superfluous. The visual result of this is a product which can be repeated in innumerable examples, which can be re-produced. There is no concession to life whatsoever. Small wonder that the Villa Savoye does not express any immediate content: it does not convey the feeling of life as a house of Wright or Aalto would. It could have been something completely different from a house.

verschiedenen Eisenelemente gebildet wird. Bei der Villa Savoye, die zum Abbild des Objektes wird, das auf dem Fließband hergestellt wird, ist das Objekt, das von der Maschine produziert wird, wichtiger als die Maschine selbst. Le Corbusier sagte, daß das Haus eine Maschine zum Wohnen sei. In Wirklichkeit wird sie zum Ausdruck des Bildes, das er vom Industrieprodukt hat, das jeden dekorativen Aspekt verloren hat und das aufgrund der großen Glasflächen völlig glatt aussieht. Der Wunsch herrscht vor, alles was oberflächlich und aufwendig ist, zu eliminieren. Das Ergebnis ist ein Produkt, das man unendlich oft wiederholen und reproduzieren kann. Jeglicher Bezug zum Leben wird aufgehoben. Es ist nicht verwunderlich, daß bei der Villa Savoye der unmittelbare Inhalt nicht zum Ausdruck kommt: Der Aspekt des Er- und Gelebten − wie bei den Häusern von Wright oder Aalto − ist hier ausgeschlossen. Sie hätte genausogut alles andere als ein Haus sein können.

Die Ästhetik des Quaders auf Stelzen hat für Le Corbusier hingegen allgemein gültigen Charakter und ist auf jeden architektonischen Fall anwendbar.

Die Heidi-Weber-Stiftung in Zürich, die von Le Corbusier als Museum für sein Werk errichtet wurde, war als Auto konzipiert: Alle Teile sind aus Metall und wurden in der Fabrik gefertigt.

Unter den Werken von Mies van der Rohe finden wir Gebäude, die die Perfektion der Technik ausdrücken, dies vor allem während seiner Zeit in Amerika. Wir werden die Architekturschule im IIT in Chicago, von der vorher die Rede war, nicht noch einmal besprechen. Der Hauptinhalt ist für Mies van der Rohe die Unterordnung des Menschen gegenüber der technischen Perfektion. In seinem Seagram Building reduziert er den New Yorker Wolkenkratzer auf seinen minimalen Ausdruck. Die großen Gebäude von New York, die sehr reichhaltige Formen und außergewöhnliche Details im Dekor aufweisen, werden maximal reduziert. Übrig bleiben nur noch eine bronzefärbige Metall- und Glasstruktur. Die klare Stahlkonstruktion tritt hervor, und ein horizontales Schutzdach über dem Eingang bildet das einzige dekorative Element des Gebäudes.

Diese Form des Ausdrucks hatte leider bei jenen Architekten einen großen Erfolg, denen eine gewisse Kreativität fehlte.

Le Corbusier's aesthetic of a simple cube on pilotis is of universal value to him and can be applied to any architectural work.

The Heidi Weber foundation in Zurich that Le Corbusier had built as a museum for his work, was devised as a car: it is composed of factory-produced metal parts.

Among Mies van der Rohe's work we can find buildings, mainly in his American period, which express the perfection of technology. We are not going to refer back to the School of Architecture, the IIT in Chicago of which we have spoken earlier. Mies van der Rohe's is primarily concerned with the subordination of man to the perfectness of technology. In his Seagram Building, he reduces the New York sky-scrapers to their minimum expression. The great buildings of New York, with their formal richness and all their extraordinary decorative details are stripped to the bare minimum. All that remains is a glass and metal structure of a beautiful bronze colour. The only visible element is the precise steel structure. A horizontal canopy above the entrance is the only decorative element of the building.

Unfortunately, this expressive mode has been very successful with rather uninventive architects.

Man's living environment has become depleted since the distruction of the harmonious atmosphere of our cities. So-called "modern" buildings have steeped our cities in boredom.

The only significance that the present solid, massive buildings convey is that man, as a thinking and sensitive being is no longer cared for. If there is a message, it is confined to one of persuasion, the message being to consume more and to sell more. Human beings are being piled on top of each other in so-called "dwelling units", and no importance is attributed to the fact that man also has feelings; that, in his living space, he also dreams; and that his inner aspirations are just as important as his materialistic ambitions.

The aspect of quantity has replaced the aspect of quality. No consideration is given to the fact that man can be helped and stimulated by the emotional influence of the space that surrounds him, the space of his own house as well as the space of the town in

Der menschliche Raum ist beträchtlich ärmer geworden, seitdem man die harmonische Atmosphäre unserer Städte zerstört. Die sogenannten „modernen" Bauten ließen die Städte in ein Klima der Langeweile verfallen.

Die einzige Bedeutung, die die massige Architektur heute aussendet, ist die, daß der Mensch als denkendes und empfindsames Wesen nichts mehr zählt. Wenn es eine Botschaft gibt, so ist es die, daß man die Menschen zu überzeugen versucht, mehr zu konsumieren und mehr zu verkaufen. Man pferch sie in „Wohneinheiten" zusammen und vergißt dabei, daß der Mensch mit Gefühlen ausgestattet ist, daß er – wenn er wohnt und ißt – auch träumt und daß seine inneren Sehnsüchte ebenso wichtig wie die materiellen Gelüste sind.

Der quantitative Aspekt ist vorherrschend und drängt die Qualität zurück. Man hat vergessen, wie wichtig und stimulierend die emotionale Komponente des Wohn- und Stadtraumes für den Menschen sein kann. Seine Sehnsüchte sind ein Spiegelbild der Architektur, die ihn umgibt. Nun sind sich Politiker, Investoren und Spekulanten aber einig, sich nur den Gesetzen der Quantität zu unterwerfen. Die Architekten fügen sich anstandslos den Anforderungen des Auftraggebers. In den Architekturschulen ist man immer mehr darum bemüht, jegliches Interesse der Studenten für die humanistische Bildung auszuschalten, um die Leere zu verherrlichen. Die Ästhetik hat im 20. Jahrhundert akademischen Charakter bekommen, wo die Formen sich ohne jeglichen Sinn wiederholen. Wer ist für dieses Debakel verantwortlich zu machen?

Der Vitalismus

So benenne ich das dritte große Thema des Industriezeitalters, denn es ist die Tendenz des Menschen, sich als lebendes und sinnliches Wesen zu bestätigen. Im letzten Jahrhundert versuchte der Mensch, der von der Maschine überrollt wurde, diesem Umfeld, das ihn regelrecht erdrückte, zu entfliehen, und begann mit dem verlorenen Paradies zu spielen. Damit reagierte er auf die Maschine, die als Indikator für den Fortschritt gilt. Die Romantik ist eine Bewegung des Protestes, eine Rückkehr zu den besseren Zeiten. Im 18. Jahrhundert schwankte die

which he lives. His feelings reflect the architectural environment. However, among politicians, investors and speculators it is widely agreed that there is a necessity to obey the laws of quantity, and of quantity only. Architects effortlessly bow to the customer's needs. In the schools of architecture, it has become the overall aim to extinguish more and more the interest of students in humanistic culture and to glorify emptiness. In the 20th century, aestheticism has become just another academic character where forms without any meaning and content are being repeated over and over again. Who is to be held responsible for this debacle?

Vitalism

To my mind, this is the third big theme of our industrial aera, as it represents the ambition of man to assert himself as a living, sensual being. In the past century, man, overrun by the machine, attempted to escape from this environment which squeezed him to death and started playing with his lost paradises. This was the first reaction against the machine as a factor of progress. Romanticism represents a movement of rebellion, the wish for a return to a better age. In the 18th century philosophy oscillated between rationalism and irrationalism and its art, between a rigorous classicism and a boundless picaresque mind. Goethe said that Romanticism embodied the principle of illness as it did not see anything but tension, contrast, emotional instability and the morbid side of that time. On the one hand, the machine develops the mechanical knowledge of man. On the other hand, his sensitivity is liberated, the celebration of individualism begins.

Starting from Romantic literature and through the Preraphaelite period, during the second half of the 19th century, we encounter a design movement which is opposed to the machine: the "Arts and Crafts" movement initiated by Ruskin. He venerates the times when human communities lived together more harmoniously, as toward the end of the Middle Ages. Artists attacked the machine and turned back to artisanal art. In the nostalgia of a paradise lost, this is an attempt to re-create a type of spontaneous Gothic architecture: the starting point of the "Arts and Crafts" movement. Artists

Philosophie bereits zwischen Rationalismus und Irrationalismus und die Kunst zwischen einem sehr strengen Klassizismus und dem zügellosen Pikaresken. Goethe sagte, daß die Romantik das Prinzip der Krankheit verkörpere, denn sie betrachte lediglich die Spannungen, die Kontraste, das psychische Ungleichgewicht, die morbide Seite der damaligen Zeit. Auf der einen Seite kehrt die Maschine die mechanische Komponente des Menschen hervor, auf der anderen Seite wird Sensibilität frei, die Verherrlichung des Individuums beginnt.

Ausgehend von der romantischen Literatur über die Präraffaeliten stößt man – in der zweiten Hälfte des Jahrhunderts – auf eine Bewegung im Design, die als Reaktion auf die Maschine zu sehen ist, die „Arts-and-Crafts-Bewegung" von Ruskin. Diese Bewegung verherrlicht jene Epochen, in denen die menschlichen Gemeinschaften ausgeglichener waren, wie zum Beispiel gegen Ende des Mittelalters. Die Künstler greifen die Maschine an, machen einen Schritt rückwärts und kehren zum Handwerk zurück. In der Sehnsucht nach einem verlorenen Paradies versuchen sie, zu einer spontanen gotischen Architektur zurückzukehren. Das ist der Ausgang der „Arts-and-Crafts-Bewegung". Man beginnt – fernab von den alten Regeln – den unmittelbaren Inhalt der Architektur auszudrücken, und sucht nach einer reichhaltigeren Volumetrie, wobei man das klassische Prinzip vernachlässigt. Das Ergebnis ist das Pittoreske, das sich ohne Probleme in den Geschmack der Romantik fügt. Es ist auch eine Rückkehr zur Spontaneität, eine Flucht vor der Allmacht der Maschinen.

Morris überträgt diese Bewegung auf das Design, Webb und Shaw in England und Richardson in Amerika folgen ihm in der Architektur. Diese Romantik setzt sich später fort. Man sieht sie bei der Börse in Amsterdam (Berlage) und beim Rathaus in Stockholm (Ragnar Östberg).

Parallel zu dieser Bewegung in der Kunst beschäftigt sich auch eine ganze Wissenschaft mit einem neuen Interesse am Leben, seien es nun die Arbeiten von Lamarck in der Biologie oder die großen Werke in der Psychologie, die Vorläufer der Arbeiten Freuds über das Unterbewußtsein sind.

Während der letzten Dekade des 19. Jahrhunderts versuchte eine vitalistische Bewegung das Le-

started expressing the immediate content in architecture and to explore a richer geometry thus neglecting the rules of classicism. The result is a rather picturesque style that goes well together with romantic taste. It is also a return to spontaneity, an attempt to escape from the violence of the machine.

While Morris initiated this movement in the world of design, Webb and Shaw integrate it into English architecture, and Richardson into American architecture. This Romanticism finds its continuation later, as we will see, in the Amsterdam stock exchange by Berlage and the Stockholm city hall by Ragnar Östberg.

In parallel to this artistic movement, a whole scientific movement also provides us with the proof of a new interest in life. Suffice it to refer to the work of Lamarck in biology or other great works in psychology, the forerunners to Freud's work on the unconscious.

During the last decade of the 19th century, a quite strong vitalist movement attempted to encapsulate life itself. Several well known architects like Horta in Brussels, Guimard in France, Lars Sonk in Finland, and in his own individual way Wright in the United States, integrated vitalist elements in their architecture.

At the same time Bergson, in the world of philosophy, defined the reaction of modern man against Platonic classicism. He attempted to express a feeling of life which for him was an impulse to break the resistance of matter, a duality between the instinct and the intellect. To his mind, the intellect only perceived the solid inorganic which decomposed into a determined space and time. He did not understand life in its wholeness, and to him the only fruitful thing that life produced was geometry and logic.

On the other hand, he defined the field of intuition as duration, as the form which our conscious state assumes at the very moment when our ego lets us live; when the separation of the present state and the precedent states are stopped. Bergson attempts to define the concept of life and especially the feeling life creates in man himself.

The topic dealt with by Gide in the *Immoralist,* written in 1901, is life in itself. He describes a

ben als solches zum Ausdruck zu bringen. Bedeutende Architekten wie Horta in Brüssel, Guimard in Frankreich, Lars Sonk in Finnland und Wright auf ganz persönliche Weise in den Vereinigten Staaten bringen Elemente des Lebens in ihre Architektur ein.

Zur gleichen Zeit stellt Bergson in der Philosophie die Reaktion des modernen Menschen auf den platonischen Klassizismus dar. Er versucht das Lebensgefühl auszudrücken, das für ihn ein Impuls ist, der den Widerstand der Materie bricht, eine Dualität zwischen Instinkt und Intellekt. Seiner Meinung nach nimmt der Intellekt nur das Feste, Anorganische wahr, das in fixe Räume und in Zeit zerfällt. Bergson verstand das Leben nicht in seiner Ganzheit, für ihn gibt es zwei fruchtbare Dinge, die das Leben hervorgebracht hat: Geometrie und Logik.

Den Bereich der Intuition hingegen bezeichnet er als Dauer, die als die Form definiert wird, die unser Bewußtseinszustand annimmt, wenn unser Ich sich auslebt und es die Trennung zwischen aktuellem Zustand und vorherigen Zuständen hemmt. Bergson versucht, den Begriff des Lebens und vor allem das Lebensgefühl zu definieren, das beim Menschen ausgelöst wird.

Das Thema, das Gide in seinem 1901 entstandenen Werk *Der Immoralist* behandelt, ist das Leben als solches. Er beschreibt ein Paar, das sich in den Süden aufmacht. Je weiter sie in die Nähe der Sonne kommen, desto kränker wird die Frau, die vorher völlig gesund war, während der Mann, der krank war, seine Gesundheit und seine Kräfte wieder zurückgewinnt. Der Skandal, den dieses Buch bei seinem Erscheinen ausgelöst hat, trifft uns heute kaum mehr. Was geblieben ist, ist der Aspekt des Vitalismus, die Art und Weise, in der Gide die Vorrangigkeit des Lebens hervorhebt.

Der gleiche Vitalismus findet in der Architektur Ausdruck.

Um diesem Impuls des Lebens Ausdruck zu verleihen, schafft Horta interne Räume mit Hilfe von Linien, die pflanzliche Formen darstellen. Lars Sonk verwendet in Helsinki dekorative Elemente in Form von Föten und Wright stellt in den Vereinigten Staaten die Beziehung zwischen Mensch und Natur wieder her. Das Haus von Wright fügt sich in das Leben des Menschen, indem es in der Natur wurzelt,

couple on their way to the South of France. The further they travel south toward the sun the woman who was in good health falls ill and dies, while the man recovers and feels healthy and strong again. The scandal that arose around the book when it was published does not affect us so much today; what remains is its most significant aspect, vitalism; Gide's assertion of the primacy of life. The same vitalist principle is expressed in architecture. In order to put across this vital impulse, Horta designs interiors utilizing lines mirroring vegetal elements. In Helsinki, Lars Sonk decorates his works with foetal forms and Wright in the United States re-establishes the relation between man and nature. Wright's house is integrated into man's life, though emanating from nature, as if it grew naturally and re-established a natural continuity. All these architects praise life and create an optimistic architecture, while Gaudí, for example, feels attached to the Spanish tradition. He introduces monsters into his architecture, as in the house Battlo which may also be cited as an example of the vitalist movement. Its pessimistic tendency was slowly superimposed over vitalism during the period that preceded World War I. It is found in *Death in Venice* by Thomas Mann and it also appears in the emotional eruption expressed in the distortions of expressionist paintings. Once the way is paved for research in psychology, expressionist art also makes fear and pessimism a topic worth interpreting. Steiner's house conveys the feeling of a dwelling that has been twisted, as if the architect only saw the world through his excessive emotionalism. This period was also marked by the search for new religious forms: Kandinsky and Mondrian showed a particular interest in esoterics, especially for theosophy, at the root of their theories. The same applies to Rudolph Steiner, one of the best architects of that time and creator of a religion: anthroposophy.

In Dornach, Steiner founded an anthroposophic community where, in co-operation with a group of architects, he also created the most important building in the village, the Goetheanum. Even though he negates symbolism, Steiner himself uses it in his building when he attempts to express spiritualism in accordance with his own words: "The purpose of

so als ob es natürlich gewachsen wäre. Damit geht das Haus eine Kontinuität mit der Natur ein. All diese Architekten betonen das Leben und schaffen eine Architektur, die von Optimismus geprägt ist. Gaudí hingegen verschreibt sich der spanischen Tradition. Er führt große Formen in seine Architektur ein, zum Beispiel beim Haus Batlló, das der vitalistischen Bewegung zuzuschreiben ist. Diese Tendenz, die von Pessimismus bestimmt ist, überlagert den Vitalismus seit der Zeit vor dem Ersten Weltkrieg. Man findet diese Bewegung im *Tod in Venedig* von Thomas Mann, man findet sie auch in der emotionalen Explosion, was sich in der Verzerrung der expressionistischen Bilder ausdrückt. Sobald die psychologische Forschung große Fortschritte macht, wertet der Expressionismus auch die Angst und den Pessimismus auf. Das Haus Steiners vermittelt den Eindruck einer Bleibe, die verzerrt ist, so als ob der Architekt die alltägliche Welt nur mit Hilfe seiner übersteigerten Emotionalität sehen würde. Jene Zeit ist auch von der Suche nach neuen Religionsformen gekennzeichnet: Kandinsky und Mondrian interessieren sich sehr für Esoterik und vor allem für Theosophie, auf die sich ihre Theorie stützt. Rudolph Steiner, einer der besten Architekten jener Zeit, begründet auch eine neue Religion: die Anthroposophie.

Steiner gründete in Dornach die anthroposophische Gesellschaft und realisierte dort mit einer Gruppe von Architekten das bedeutendste Gebäude des Ortes: das Goetheanum. Obwohl er die Symbolik verleugnet, verwendet er sie in seinem Gebäude doch, nämlich dort wo er versucht, den Spiritualismus nach seiner eigenen Definition auszudrücken: „Der Sinn unserer Suche: das lebendige Wort in unserem Gebäude zu formen. Es muß eine lebendige Sprache sein."

Zwei Bilder sind für ihn wesentlich: die Kräfte der Erde und jene der Sonne. „Alles, was irdisch ist, hebt sich von der Erdoberfläche ab, und indem es sich von der Erde wegbewegt, konvergiert es in einem Punkt. Der Mensch war sich aber auch der Tatsache bewußt, mit der Sonne vereint zu sein. Das Ausströmen der Sonnenenergie in Richtung Erde stellte man so dar, daß man Kraftlinien verwendete, die sich von anderen Linien unterschieden.

our search is to model the living word in our edifice. It has to be a language that is alive".

To his mind, two images assume a fundamental form: the force of earth and the force of the sun: "All earthly things rise from the surface of the ground and, by moving away from the earth, converge to form one point. But man has always felt a relationship with the sun. The flow of solar energy toward the earth was represented by the use of lines of force that differed from other lines. The sun which moved around the earth sends out its rays. The top of these lines pointed to the bottom, as apparently the sun moved around the earth". The Goetheanum represents the form of solar power and the house facing Steiner's house the forces of the earth. The Goetheanum also represents a gesture. It assumes the form of a man raising his arms and showing his head to the sun. To Steiner, the contact between man and the cosmos was of great importance. The distortion of the forms, the ambition to express this gesture is obvious. They are a testimony to both the spirituality and the emotional eruption that prevailed at that time.

This veneration of life is also found in the expression of Scandinavean humanism, of the egalitarian democracy which is practiced in these northern countries. Aalto deals with the conventional ideas of the Bauhaus in a very humanistic way to create an architecture that is human; where man can feel at ease: the ideal setting for a man to smoke his pipe in a comfortable seat with his dog beside him. It is a petit-bourgeois kind of humanism which was characteristic of that period.

At the same time, after World War II, Le Corbusier in his chapel at Ronchamp expresses an outcry of fear. He questions his own principles. It is also an emotional eruption, but in his existentialist attitude, Le Corbusier distorts his buildings: the simple cube, the pilotis, the longish windows are questioned, as much as the image of the mass-produced factory object. Le Corbusier's classicism disappears, the closed spaces dissolve into distinct points and a violent spatial tension runs from the interior to the exterior.

Existentialist thought finds its magnificent expression in this work. The altar is no longer the place to

Die Sonne, die sich um die Erde dreht, sendet ihr ihre Strahlen. Die Spitzen dieser Linien zeigen nach unten, da die Sonne sich ja um die Erde dreht." Das Goetheanum nimmt die Form der Sonnenkräfte an und das Haus, das jenem von Steiner gegenüberliegt, jene der Erdkräfte. Das Goetheanum ist auch reich an Gestik: Es hat die Form des Menschen, der seine Arme hebt und sein Haupt der Sonne entgegenstreckt. Für Steiner war der Kontakt des Menschen zum Kosmos von größter Bedeutung. Die Verzerrung der Formen ist offensichtlich da, um die Geste auszudrücken. Sie zeugen von der Spiritualität und gleichzeitig von der emotionalen Explosion der damaligen Zeit.

Diese Betonung des Lebens findet sich auch im Ausdruck des skandinavischen Humanismus, der egalitären Demokratie dieser Länder des Nordens. Aalto humanisiert sämtliche althergebrachte Ideen des Bauhauses und liefert uns eine menschliche Architektur, in der sich der Mensch wohlfühlt: den idealen Rahmen für den Menschen, der in einem bequemen Stuhl sitzend seine Pfeife raucht und seinen Hund neben sich hat. Es handelt sich um einen kleinbürgerlichen Humanismus, der zur damaligen Zeit sehr wichtig war.

Zur gleichen Zeit – nach dem Zweiten Weltkrieg – stößt Le Corbusier mit der Kirche von Ronchamp einen Angstschrei aus. Er stellt seine eigenen Grundsätze in Frage. Auch er bricht in Emotionen aus, wird aber Existentialist. Le Corbusier verzerrt seine bisherigen Volumen: der bloße Quader, die Stelzen und die länglichen Fensterbänder sind in die Krise geraten; so auch das Bild des in der Fabrik gefertigten Objektes. Der klassische Le Corbusier verschwindet, geschlossene Volumina brechen an gewissen Stellen auf, und eine heftige räumliche Spannung breitet sich von Innen nach Außen aus.

Die ganze existentielle Idee wird in diesem Werk auf beeindruckende Weise ausgedrückt. Der Altar ist nicht mehr die Stelle, in die alles mündet. Alle Formen üben auf den Punkt Druck aus, an dem sich der Betrachter befindet. Er ist es, der im Raum hervorgehoben wird, und der Altar tritt in den Hintergrund. Das sehr schwere Dach bildet einen Kontrast zum erhöhten gotischen Dach: Es hat sich gesenkt. Um diesen Eindruck des Fallens zu vermitteln, be-

which everything amounts. All the forms exert a certain pressure on the point where the visitor stands. He/she is placed in the focal point in space, while the altar is pushed to the background. The massive roof produces an effect that counteracts the elevated Gothic roof: it sags. To convey this feeling of depression, there is no connection with the walls which should support it, but it seems to fall down on the head of the beholder. The side walls also come in to compress the space: the sensation Le Corbusier produces here, is one of solitude, without a concept of the beyond. At the center stands man, in his fear, in his loneliness, in his responsibility toward others and himself. To me, Ronchamp is the expression of existentialist France after World War II, of the absence of the absolute in the movement of atheism so typical of this period. Ronchamp is the atheist church.

As regards the expression of time, I believe that this is the only example where Le Corbusier plays with the problem of simultaneity. First the wall pierced by windows: each opening creates a perspective effect, where the vanishing point is never the same. It conveys the same feeling of a slight sideward movement as Cézanne's still lives.

Its wall produces the same effect in the interior and the exterior. Here the fourth dimension finds its expression. Other aspects of dynamism are visible. The walls are twisted in violent spasmic movements. Inside, each wall moves toward the center of the inner space thus enhancing the prevailing expressive aspect of the room: fearfulness.

rührt es die Mauern nicht, auf die es sich stützen sollte. Das Dach fällt dem Betrachter auf den Kopf. Die Seitenmauern verdichten den Raum ebenfalls: Das Gefühl, das entsteht, ist Einsamkeit ohne Jenseits-Begriff. Der Mittelpunkt, das ist der angsterfüllte Mensch in seiner Einsamkeit und auch in seiner Verantwortung sich selbst gegenüber. Für mich ist Ronchamp Ausdruck des Existentialismus im Frankreich der Nachkriegszeit, Ausdruck der absoluten Leere im Einflußbereich des Atheismus jener Zeit. Ronchamp ist die atheistische Kirche schlechthin.

Was den Ausdruck der Zeit anlangt, meine ich, daß die Kirche von Ronchamp das einzige Beispiel ist, wo Le Corbusier mit der Gleichzeitigkeit spielt. Allem voran wurde die Mauer von Glasfenstern unterbrochen: Jede Öffnung schafft einen perspektivischen Effekt, wobei der Fluchtpunkt nie der gleiche ist. Sie vermittelt denselben Eindruck leichter Seitwärtsbewegungen wie die Stilleben von Cézanne.

Diese Mauer erzielt innen wie außen den gleichen Effekt. Und gerade da wird die vierte Dimension ausgedrückt. Es sind weitere Aspekte der Dynamik sichtbar. In den Mauern gibt es heftige spastische Bewegungen. Im Inneren schiebt jede Mauer in Richtung Raummitte, was den wichtigsten expressiven Aspekt des Ortes verstärkt, nämlich die Angst.

Architektur

Meine Gebäude vermitteln immer das Gefühl unbegrenzten Raumes. Ich habe zwar nicht unbedingt etwas gegen begrenzte Räume, Tatsache ist jedoch, daß die Konturen meiner Gebäude eher verschwommen sind. Meine Gebäude sollen in erster Linie ein Gefühl der Tiefe vermitteln – die Oberfläche ist mir nicht wichtig. Meine Kompositionen sind weiters nicht Ergebnisse einer Aneinanderreihung von Elementen, sondern deren Integration. Sie sind nicht geschlossen, sie sind offen. Meine Gebäude vermitteln das Gefühl, als könnten sie in den Himmel wachsen wie Bäume. Meine Architektur soll rätselhaft sein und nicht vordergründig. All dies entsteht aus meiner Liebe für das Unendliche.

Pascal sagte: „Die Stille unendlicher Räume ängstigt mich." Ich muß zugeben, daß auch ich Angst verspüre, aber ich gestehe, daß gerade das mich fasziniert, und Unendlichkeit war immer eine Konstante in meinen Gebäuden. Ich versuche in meiner Architektur Ekstase zu erreichen, und daher liebe ich auch die Definition von Hermann Broch: „Ekstase ist ein Zustand der Trunkenheit des Willens, welche als reine Form angesehen werden kann, ein Zustand, in dem der Wille sich als Unterdrückung des Leides manifestiert. Ekstase wird zum Wohlgefühl, zur Schönheit. „Alle Ekstase des Menschen steht für die Entwicklung seiner selbst in Reinheit." Ekstase in meiner Architektur hervorzurufen, ist mein Ziel. Ich glaube auch daran, daß meinen Gebäuden etwas innewohnt, was in Heideggers *Wege zum Wort* wie folgt beschrieben wird. Er spricht darin von dem japanischen Philosophen Fürst Shuzo-Kuki, der das „Iki" definiert hat. Er sagt, daß das „Iki" eine fühlbare Strahlung sei, durch die ein Teil des Übersinnlichen zu schimmern versuche. Ich bin ein Mensch, bei dem das Absolute in der Seele verwurzelt ist, und ich glaube, daß dieses metaphysische Gefühl meinen Arbeiten eingehaucht werden kann. Man kann es Wille oder auch Idee nennen. Ich ziehe es jedoch vor, es Gott zu nennen, und es verleiht dem zur Empfindung fähigen Menschen, der in meinen Gebäuden wohnt, ein unwiderstehliches Glücksgefühl.

Architecture

My buildings always have a notion of unlimited space. I don't have any special objection to make limited space but it is fact that the contours of my buildings are unprecise. Deepness has been a constant in my buildings and I don't valorize the surface.

It also is fact that my compositions are not done by addition of elements but by integration. My compositions are not closed but open. My buildings give the sensation that they can grow like a tree. I don't like evidence in my architecture, but mistery. All this comes from my love for what is infinite.

Pascal said: "The silence of infinite spaces makes me afraid". I must say that I am also afraid, but I confess that this fascinates me, and infinity has been a constant in my buildings.

In my architecture I always try to achieve ecstasy, and I love the definition by Hermann Broch: "Ecstasy is a state of drunkness of will that can be considered as a pure form in which will manifests itself as repression of suffering.

Ecstasy becomes delight, it becomes beauty. "All ecstasy of man is the development of himself in purity." I always try to arrive to provoke ectasy in my architecture.

I also believe that in my buildings exist what I found in a book of Heidegger *Ways to word*. There he spoke of a Japanese philosopher Count Shuzo-Kuki who defines what was the "Iki". He said that the Iki is sensible radiance about which some think of the supersensible attemps to show through. I am a man who has the absolute well rooted in his soul, and I think that this metaphysical feeling can be breathed into my works. We can call it will or perhaps idea, I prefer to call it GOD, and it creates in the sensible being that lives in my buildings an irresistible ravishment.

School of Plastic Arts, Havana, Cuba, Completion 1963–1964

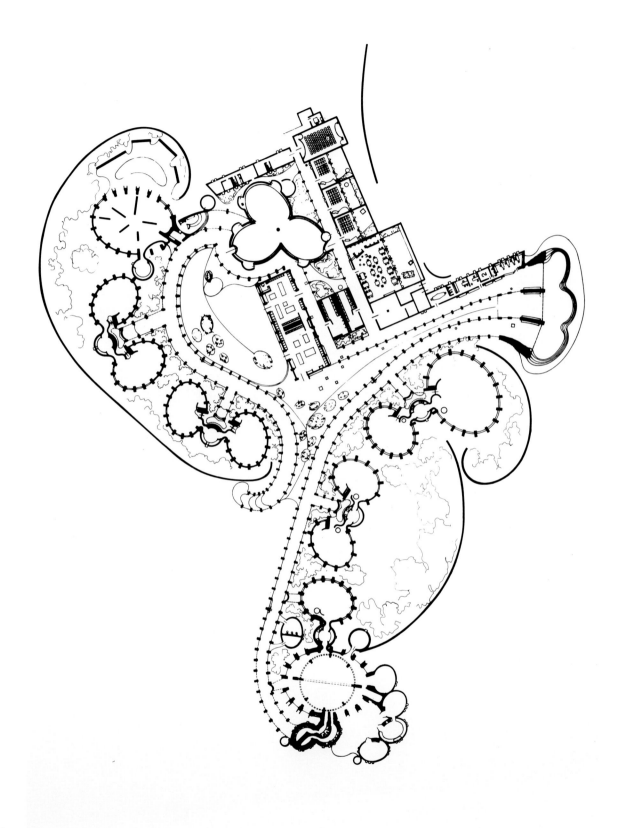

Ground floor plan

School of Plastic Arts, Havana, Cuba, Completion 1963–1964

Die Schule für bildende Kunst

Als ich begann, mich mit diesem Projekt auseinanderzusetzen, habe ich als erstes, sozusagen als Verankerung, den Begriff der Werkstatt konzipiert. Die Schule sollte drei Disziplinen dienen: der Bildhauerei, der Malerei und der Graphik. Jedes Atelier war als rundes Theater geplant, wo die Studenten sich um das zu studierende Objekt herum versammeln konnten. Bei dieser Idee zwang sich – wie bei römischen Theatern – die Form des Kreises auf. Ich gab jedoch der Ellipse den Vorzug, da sie mir dynamischer erschien und sich gleichzeitig für Spiele mit dem Raum besser eignete. Zwischen zwei Ateliers befand sich ein Lager für das Material.

Das Ensemble der Arbeitsstätten war in Form einer Stadt geplant, die sich in einen Landstrich fügte, auf dem sich früher einmal der Golfplatz des Country Clubs von Havanna befunden hatte. Die Studenten sollten nicht den Eindruck haben, daß es ein isoliertes Gebäude inmitten der Landschaft ist, sondern das Gebäude sollte ihnen vielmehr die Atmosphäre einer Gemeinschaft vermitteln. Daher habe ich als erstes Bild die Stadt gewählt.

Man betrat die Stadt wie durch einen Trichter und gelangte auf eine enge, mit Arkaden gesäumte Straße. Der gesamte Verkehr spielte sich auf dieser Straße ab, die zu einem großen Platz führte. Mit dem Verkehr ist zwangsläufig die Idee einer Promenade verbunden. Das Bild der Stadt mischt sich mit einem weiteren, ebenso starken Bild, dem Bild des Eros. Jedes Atelier war mit einem Gewölbe aus Ziegelsteinen überdacht, das durch eine Spitze abgeschlossen wurde, die an die Brust einer Frau erinnerte. Die ganze Stadt wurde zum Abbild einer Frauenbrust, aufgrund der Vielzahl der Kuppeln, die wie Frauenbrüste aussahen, zum Abbild des Eros. Für den zentralen Platz schuf ich einen Brunnen, bei dem ich mich von einer exotischen Frucht, der Papaya, inspirieren ließ. Die Papaya ist eine Metapher für das weibliche Geschlecht in Lateinamerika. Der Brunnen wurde zum weiblichen Geschlecht und das ganze Gebäude wurde geschlechtlich. Warum aber diese Sexualisierung?

School of Plastic Arts

When I worked at this project my first step was to conceive the "workshop" as a focal point of the whole work. The school was intended to house three disciplines: sculpture, painting and printing. Every workshop was designed as a round hall where students could gather around the object they wanted to study. This idea led to the form of a circle in accordance with the image of the Roman theatre, though I preferred the elliptic form to the circle, as I considered it the more dynamic and more suitable for the play with space. Between two workshops I placed a material storage room.

The workshop complex was planned as a city to be integrated into the landscape of the former golf course of the Havana Country Club. Students should not get the impression of an isolated building in a landscape; on the contrary, I wanted to convey an atmosphere of community. This is why I chose the city as the first figurative image.

Access was achieved through a funnel-shaped entrance to a narrow street lined by arcades. All the interior traffic developed on this street which led to a large square. The notion of traffic is attached to that of a promenade. The image of the city merges with another one which is to be felt just as strong as the first one: the image of Eros. Workshops were covered by brick vaults with a pointed top, in allusion to the female breast. The whole city became an image of a female breast, the image of Eros created by a great number of breast-domes. On the central square I placed a fountain that I sculpted myself which was inspired by the papaya, the metaphor of the female sex in Latin America. The fountain became the female sex and the whole building was sexualized. Whence came my wish to sexualize the building in this way?

In Cuba there is a white tradition which is sensual and baroque, as is the whole island. The black community which represents a major part of the population has never produced architecture. On the other hand they have produced popular music and poetry in which a certain erotic feeling is being ex-

In Kuba gibt es eine weiße Tradition, die sinnlich und barock wie die Insel selbst ist. Die Schwarzen, die einen großen Teil der Bevölkerung ausmachen, haben nie Architektur produziert. Sie haben hingegen eine Volksmusik und eine Volksdichtung geschaffen, in denen eine gewisse Erotik zum Ausdruck kommt, die sich ständig wiederholt. Das trifft vor allem auf den Volkstanz, den Rumba, zu, einen lasziven Tanz, der den Hahn mimt, der die Henne besteigt. Diese Tradition kam zum Zeitpunkt der Revolution wieder auf, als diese noch keine eigenen neuen Stilmittel besaß. Die Einbindung des Eros in die Naturreligionen geht viel weiter als die Mann-Frau-Beziehung. Sehr oft wird das Bepflanzen der Erde als Symbol für den Koitus zwischen Mensch und Erde überliefert. Ein tiefer Sinn offenbarte sich mir im Schmelztiegel dieses Erosbegriffes. Diesen Sinn wollte ich der Schule für bildende Kunst verleihen. Das Gebäude bringt also aufgrund der Anspielung auf die weibliche Brust und das weibliche Geschlecht eine Anthropomorphisierung zum Ausdruck. Sehr dünne Pflanzen mit langen Blättern im Garten erinnern an Schamhaare. In diesem Kontext zwang sich der Eros als unmittelbares Problem des Ausdrucks auf, denn er ist mit der kubanischen Tradition gleichzeitig und mit all den grundlegenden Fragen des Menschen verbunden, ebenso wie der Tod, das Böse, Gott usw. Durch die Schaffung einer Reihe von ständigen Rhythmen zwischen den Säulen und Wasserspeiern wollte ich den Zuseher dazu einladen, sich unentwegt zu bewegen. Der Zuseher kann nicht in einer statischen Haltung verharren, wenn das ganze Gebäude zur Bewegung anregt. Der Rhythmus bringt ihn auf natürliche Art und Weise ins Innere, wo sich sein eigener Eros offenbart.

Die Form der Ateliers läßt nicht nur an die Brüste einer Frau denken. Diese Form erinnert auch an die Rundungen des Eies, des Symbols schlechthin für entstehendes Leben. Welches Bild hätte das Leben, im Moment der Begeisterung besser beschreiben können, in einem Moment, in dem die Revolution das ganze Volk mit Leben erfüllt?

Es war notwendig, daß das Gebäude das Erbe der Tradition offenbart, denn die Tradition ermöglicht es, sämtlichen Problemen des menschlichen Seins zu begegnen. In Kuba gibt es die Tradition einer ba-

pressed over and over again. This is particularly true for the popular dance, the Rumba, which in a way imitates a cock mating with a hen, a lascivious dance. This tradition was taken up again during the revolution, as revolution had not yet found its own way of expression. In primitive religions Eros plays a much greater part than the relation between man and woman. Very often the planting of the earth is transcribed as coitus between man and earth: to me the notion of Eros is a melting pot that contains several deep meanings. These meanings I wanted to convey in the School of Plastic Arts. Therefore the building, with the concept of the female breast and sex, expressed an anthropomorphistic aspect. In the garden very thin plants with long leaves reflected the pubic hair. In this context Eros imposed itself as an immediate problem of expression as it belonged both to the Cuban tradition and to the basic problems of humanity, in the same sense as death, evil, God etc. By creating a series of continuous rhythms between the columns and between the waterways, I intended to invite the viewer to move continuously. One cannot remain in a static position when the whole building suggests movement. This rhythm naturally guides the visitors toward the interior where they are faced with their own Eros.

The form of the workshops not only alludes to the female breast, it also makes one think of the roundish shape of an egg as the symbol of life in the making. Is there an image that could express life

Interior view of the studios

rocken Architektur. Es war kein ornamentales Barock wie in Mexiko oder in Peru, sondern vielmehr ein Spiel mit Räumen, in der Art eines Trompe-l'œil, eine Sinnlichkeit des Lichtes, das durch venetianische Jalousien und Glasfenster hindurchflackert. Ich wollte diese barocke Linie in meiner Architektur fortsetzen: Alle Formen spielen so zusammen als ob es Bewegungen des Körpers wären.

Als Baumaterial wurde Ton in Form von Ziegelsteinen verwendet. Dieser Werkstoff ist überall zu finden: am Boden, an den Mauern und in den Gewölben. Ich habe diesen Werkstoff aufgrund seiner Wärme, vor allem aber aufgrund seiner Farbe gewählt, die der Hautfarbe der Mestizen ähnlich ist, der Farbe des kubanischen Volkes. Dank des Tons wird eine Alterung des Gebäudes erzielt, die nicht auf einen Verfall zurückzuführen ist, sondern dem natürlichen Rhythmus lebender Dinge entspricht, die sich mit der Zeit verändern.

better in this ecstatic moment of a revolution which brings a whole nation back to life again?

The building had to manifest its traditional heritage as tradition permits to touch all problems of humanity. In Cuba there is a tradition of baroque architecture. It was not a baroque ornamental architecture like in Mexico or in Peru, but more so a certain play with space, in the way of a trompe-l'œil, a sensuality of light flickering through venetian blinds and glass windows. I wanted to perpetuate baroque art in my architecture: all forms played together as in a movement of the body.

As building material I chose fired clay in the form of bricks. This material appears everywhere, on the floors, on the walls, in the vaults. I chose it for its warmth and above all for its colour that resembles so much the skin of the Mestizos, of the Cuban people. Fired clay permits an ageing of the building which has nothing to do with deterioration but with the natural aspect of living organisms that change with time.

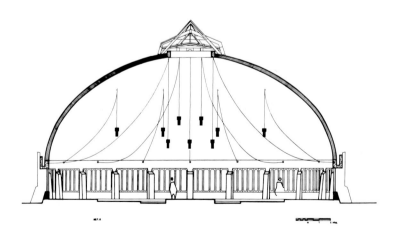

Above: Central piazza with
a sculptured fountain
Right: Sectional view of a
studio

School of Plastic Arts, Havana, Cuba, Completion 1963–1964

School of Modern Dance, Havana, Cuba, Completion 1962–1964

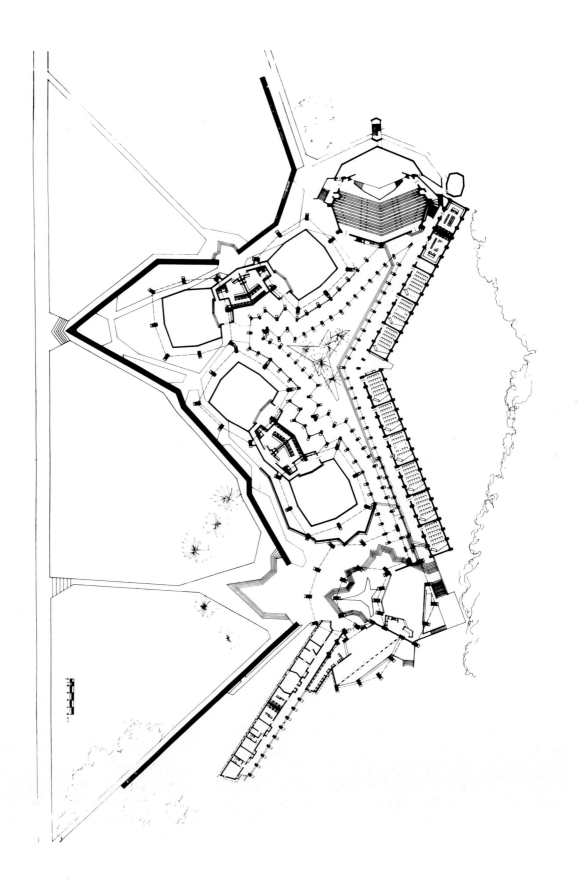

Ground floor plan

School of Modern Dance, Havana, Cuba, Completion 1962–1964

Die Schule für modernen Tanz

Sie wurde zur gleichen Zeit realisiert wie die Schule für bildende Kunst, entspringt aber einer anderen Ausdruckskraft: Sie ist enervierender und weniger sinnlich. Ich wollte mit einem Problem spielen, das mir zu jener Zeit wesentlich erschien: Der Ausdruck des Gefühls, diese im Entstehen begriffene Revolution zu erleben. Ist die Revolution nicht eines der großen Themen des 20. Jahrhunderts? Der mittelbare Inhalt spielte mit dem Thema der Revolution. Aber wie ging das vonstatten?

Hier ist es der Begriff des Tanzsaales, der die Verankerung bildet. Der Tanzsaal ist als weiter Raum geplant, der von einer Mauer begrenzt wird. Wenn der Tänzer sich bewegt, wiederholt sich seine Bewegung in der Architektur, läßt die Gewölbe bersten, die dem Impuls des Tänzers nicht mehr standhalten. Von seiner zentralen Position werden zentrifugale Bewegungen in Richtung Mauern und Fenster geschleudert.

Hier wollte ich den unmittelbaren Inhalt zum Ausdruck bringen, nämlich das, was im Inneren dieser Räume lebt und wogt. Die generelle Idee hinsichtlich der Tanzschule ist die gleiche wie bei der Schule für bildende Kunst: die Stadt. Ich habe das gleiche Bild verwendet.

Um in das Gebäude zu gelangen, muß man zunächst einen kleinen offenen Hof überqueren. Von dort aus führt eine schmale Straße zu einem Platz. Schon beim Eingang bemerkt man, daß die Gewölbe explodieren, anschwellen und sich ausdehnen. Man wird von einem Gefühl des Berstens ergriffen, so als ob ein außergewöhnlicher Windstoß die Gewölbe emporheben würde, bis sie brechen. Damit wollte ich das Gefühl der Begeisterung überliefern, das sich zu Beginn der Revolution einstellte, diese Kraft, auf einem Platz eine riesige Menschenmenge nur mit Hilfe der Emotionen zu vereinen, die der Gedanke der Revolution hervorruft. Die Idee der Explosion ist das erste Bild, das ich zum Ausdruck bringen wollte.

Die zweite Idee findet mit Hilfe des Platzes Ausdruck, auf den man über die schmale Straße gelangt.

The School of Modern Dance

This school was built at the same time as the School of Fine Arts. It conveys a different type of expression: it is more nervous and less sensual. Here I wanted to deal with a problem which constantly occupied my mind at the time: the expression of the feeling to participate in this prerevolutionary state. Isn't revolution one of the grand themes of the 20th century? The mediate content was meant to play with the theme of revolution. But how could this be achieved?

Here it was the idea of the "dance hall" that constituted the focal point. It was conceived as a vast space surrounded by a wall. When the dancer moves, his movement is thrown back onto the architecture, it makes the vaults explode. They are blown up out of proportion under the impulse of the dancer. From his central position the dancer sends out centrifugal movements toward the walls and windows.

Here I wanted to express the immediate content, i.e. that which lives, which pulsates inside these spaces. The overall concept of the dancing school is the same as that of the School of Fine Arts: the city. Here I employed the same figurative image.

To enter the building, one first has to cross a small open courtyard. From there a narrow street leads to a square. From the entrance one can see the exploding vaults which are inflated and dilated. The viewer is seized by the sensation of a big wind, as if a violent draft of air blows up the vaults until they break. Hereby I wanted to translate this ecstatic feeling that characterized the beginning of the revolution; this power to make a huge crowd of people gather in a square on the sheer emotion of the idea of a revolution. Thus the idea of explosion is the first image I wanted to convey.

The second idea is expressed in the square one reaches from the narrow street. Pillars and waterways that are very different from those of the first school create an impression of agony, a certain feeling of anxiety: pointed, angular, chaotic pillars. This aspect which is inherent to revolution makes one

Die Pfeiler und die Wasserspeier, die sich von jenen der anderen Schule stark unterscheiden, erwecken den Eindruck von Agonie, ein gewisses Angstgefühl: sie sind spitz, kantig und chaotisch. Dieser grundlegende Aspekt einer Revolution beschreibt das Gefühl, sich am Rande eines Abgrundes zu bewegen und die Gefahr einer ständigen Bedrohung zu spüren. Es ist ein Angstgefühl. Die Malerei Grecos hat mir gezeigt, wie ich dieses Gefühl auf meine Architektur übertragen kann. Auch wenn eine Person große Ruhe ausstrahlt, eine gewisse Instabilität und eine gewisse Unruhe sind erkennbar. Wenn man sich dem Gemälde nähert, erkennt man unzählige kleine Aspekte in der Malerei. Diese Aspekte sind für die Unruhe verantwortlich und verwandeln den Ausdruck der Ruhe in Angst. In der Tanzschule macht sich – nach dem ekstatischen Gefühl am Eingang – in zweiter Linie die Unruhe im Inneren breit.

Am äußersten Ende des Platzes befand sich das Theater, auf dessen höchster Stelle ich einen Aussichtspunkt errichtete. Ich wollte, daß das Gebäude, wenn man es von oben her betrachtet, so aussieht wie Glas, das man mit einem Schlag in tausend Scherben zerschlagen kann … Das war für mich ein weiteres Bild für die Revolution.

In diesem Gebäude finden sich dieselbe Mobilität und dieselbe Dynamik wieder, und Bewegungen kommen in den verborgensten Winkeln zum Ausdruck. All diese Bewegungen überlagerten sich im Blick des Zusehers, der sie gleichzeitig spürte. Dies bildet den grundlegenden Rahmen für den Ausdruck dieser Tanzschule. Mit dem Bau dieser beiden Gebäude wurde im Jahr 1961 begonnen, 1965 wurden sie fertiggestellt.

feel as if one walked on the rim of desaster, it makes one feel constantly in danger; it conveys the feelings of anxiety and fearfulness. El Greco's painting taught me how to translate this feeling into my architecture. And indeed, even if a person expresses great calm, there is a certain instability perceptible, a certain restlessness. A closer look at the painting will show you countless little angles. These angles create the trouble and transform the expression of calm into fear. In the School of Dance, once the ecstatic feeling of the entrance has passed, fearfulness develops in the middle ground, in the interior.

At the far end of the square was the theatre on top of which I placed a viewing point. I wanted the building, seen from the top, to resemble a glass that could be shattered to a thousand pieces by a single punch of a fist … To me this was another image of revolution.

In this building I expressed the same mobility, the same dynamics, movements were present everywhere, in every little corner. And all these movements were superimposed on the eye of the viewer who felt them simultaneously. This formed the expressive context of the School of Dance. The construction of these two buildings was started in 1961 and finished in 1965.

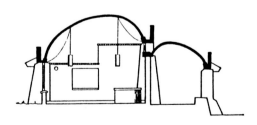

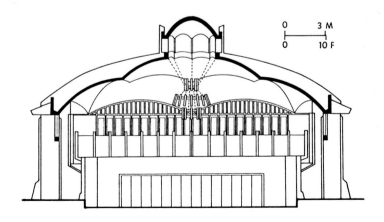

School of Modern Dance, Havana, Cuba, Completion 1962–1964

Façade of the studios

School of Modern Dance, Havana, Cuba, Completion 1962–1964

Vernunft und Wahnsinn

Im Projekt für die Universität Villetaneuse und für das umliegende Viertel wollten wir die großen Plätze von Paris in kleinerem Maßstab nachbauen. Die Stadtplanung erfolgt um drei Plätze herum, die entlang einer zentralen Achse aufeinanderfolgen, von der sekundäre Achse ausgehen. Diese Achsen und die hierarchische Gliederung des Raumes sind charakteristisch für diese Stadt, sie sind Ausdruck des französischen Kartesianismus. Wie in den Pariser Straßen folgen die Fassaden geordnet aufeinander und scheinen die Formenfülle der Dächer zu kontrollieren, was wiederum den Triumph der Vernunft verkörpert. Es geht aber nicht darum, eine Kopie anzufertigen. All das wird in unserer persönlichen Art mit Hilfe einer anderen Sprache neu interpretiert. Die Gebäude sind entweder vertikal oder sie neigen sich nach vorne oder nach hinten. Es ist ein verzerrtes Paris.

Reason and Insanity

In our project for the university of Villetaneuse and its surroundings we wanted to reflect the image of the large spaces of Paris on a reduced scale. The town planning project is conceived around three squares following each other along a central axis from which in turn other secondary axes depart. This axial structure and the hierarchical organization of space are typical of the city of Paris. This is the expression of French Cartesianism. As in the streets of Paris, the façades are organized in an orderly way and seem to control the folly of the roofs, which again is an image of the triumph of reason. But this project is not meant to be a mere copy. We reinterpreted all this in our own personal way using a different language. The buildings are either vertical or they lean backward or forward. It is a distorted Paris.

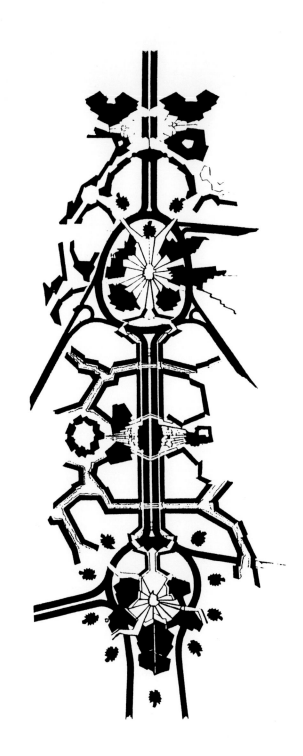

University Campus, Villetaneuse (Seine-Saint-Denis), France,
Competition with André Mrowiec, 1966

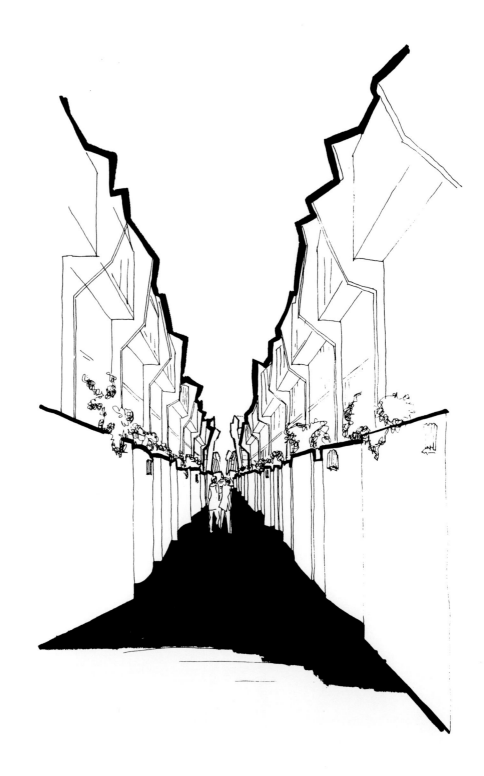

Perspective drawings

**University Campus, Villetaneuse (Seine-Saint-Denis), France,
Competition with André Mrowiec, 1966**

Center of Art and Communication, Vaduz, Liechtenstein,
Assistant David Biguelman, Completion 1973–1975

Das Zentrum für Kunst und Kommunikation in Liechtenstein

Nachdem ich Kuba verlassen hatte und nach Europa gekommen war, beauftragte man mich mit dem Bau eines Kunstzentrums in Liechtenstein. Ein Finanzier, ein sehr gebildeter Mann, wollte seine Büros und seine persönliche Gemäldesammlung in einem Gebäude vereint wissen. Er wollte, daß man nach dem Gebäudeeingang – bevor man zu den Büros kommt – durch ein Museum geht.

Das Gebäude wurde in drei Teilen konzipiert: Im Parterre befanden sich die Büros, die man mieten konnte. Im Stock darüber der große Ausstellungssaal, der als Eingangshalle zu den Büros des Finanziers diente, die sich dahinter befanden.

Die generelle Idee war die, daß dieses Gebäude dem Image des Landes entsprechen sollte. Liechtenstein ist ein kleines Land zwischen Österreich und der Schweiz, ein Eldorado des 20. Jahrhunderts, wo große Kapitalströme zusammenfließen und das Land zu einem bedeutenden Zentrum der Geschäftswelt machen.

Und gerade diesen Aspekt des Landes wollte ich in erster Linie zum Ausdruck bringen. Daher habe ich als Bild drei Riesenfinger gewählt, die versuchen, eine goldene Energie einzufangen. Es war für mich ein Bild, das zweierlei bedeutete: Liechtenstein als Eldorado und der gegenwärtige Neokapitalismus. All das Gold war energiegeladen.

Zwei formale Prinzipien dienten als Planungsgrundlage für das Gebäude: Ein organischer Teil, der von den drei Fingern verkörpert wird, und ein Teil aus Aluminium, der wie ein grün-goldener Spiegel aussieht. Dieser Aluminiumteil stützte sich auf sehr feine und lineare hängende Elemente, die die Fensterlinien überlagern und sich im Spiegel der Mauern spiegeln und sich im Wind bewegen. Diese Vorrichtung vermittelt eine wahrhafte Vorstellung von dieser energiegeladenen Welt, die sich dematerialisiert und zu einer großen Masse Licht wird, während sich die drei Finger in diese Art von Goldregen, in dieses energiegeladene Gold fügen. Die beiden Systeme gehen ineinander über und stehen in einem starken Gegensatz zueinander: ein massi-

The Center of Art and Communication in Liechtenstein

When I arrived in Europe after having left Cuba, I was asked to build an art center in Liechtenstein. A financial expert, a man of great culture, wished to integrate his offices and his personal collection of paintings in a single building. He wanted the visitor to walk through the museum before reaching the offices.

The building was designed to have three parts: on the ground floor were the offices to let; on the first floor a large exhibition hall served as an entrance hall to his offices which were situated immediately behind it.

The overall aim was to create a building which expressed the dominating aspects of the country. Liechtenstein is a small country between Austria and Switzerland, an El Dorado of the 20th century where capital gathers to form an important business center.

This was a feature of the country I wanted to express above all. Therefore I chose as a figurative image three fingers of a giant trying to catch the energy of gold. To me the image was twofold: Liechtenstein as an El Dorado and the present neocapitalism. All this gold radiated with energy.

I devised the building on the basis of two formal principles: an organic portion representing the three fingers and an aluminium portion as a golden green mirror. This aluminium portion was composed of very thin and linear suspended elements which coincided with the lines of the windows, reflecting in the mirrors of the walls and moving with the wind. This mechanism conveys the genuine feeling of an energetic world which decomposes and becomes a mass of light while the three fingers grasp this "golden rain", gold full of energy. The two systems integrate a strong ambiguity: a massive and fleshy portion is opposed to another portion which is more energetic and dynamic.

There are even more powerful implications present in this work. The building is situated near the river Rhine. Here one cannot but be reminded of the great German mythology based on the Rhinegold.

ver und körperbetonter Teil gegenüber einem energiegeladenen und dynamischen Teil.

Es gibt weitere, noch stärkere Bezüge. Das Gebäude befindet sich in der Nähe des Rheins. An dieser Stelle muß man sich an einen der großen germanischen Mythen erinnern, nämlich das Rheingold. Man erzählte, daß der Herkunftsort der Nibelungen Sankt Gallen, eine nahegelegene Stadt, sei. Dieser Bezug zum Rheingold hat auf mich eine so große Faszination ausgeübt, daß das Gold für das Gebäude ein wesentlicher Bezug wurde. Es ließ sich bestens mit Liechtenstein in Verbindung bringen.

Ein weiterer Aspekt war für das Projekt ausschlaggebend. Liechtenstein ist ein Land, in dem sich Alchimisten aufhielten. Paracelsus war oft dort. Daraus ergibt sich ein sehr wichtiges, grundlegendes Element für das Land, das dem vorhingenannten um nichts nachsteht, nämlich die Verarbeitung von Gold. Die drei Finger sind übrigens die Finger eines Riesen, der aus dem Berg hervortritt. Dieses Element brachte für mich etwas sehr Wichtiges in bezug auf die deutsche Kultur zum Ausdruck, nämlich Nietzsches Übermenschen, der vom Berg herabsteigt. Auf der anderen Seite gibt es einen Zusammenhang zwischen dem Gold und dem Feuer. Bei den Chinesen zum Beispiel ist das Gold das Symbol für das Feuer. Wenn ich diese beiden Elemente miteinander vereine, nehmen die drei Finger und das Feuer Bezug auf Prometheus. Er ist der Riese, der dem Menschen das Feuer gibt, er ist auch der Übermensch Nietzsches, dessen drei Finger die goldene Energie berühren: das Feuer, Abbild des Wissens, Idee des Heiligen Geistes. Die Alchimie ist nichts anderes als die spirituelle Verwandlung des Menschen, damit er in höhere Sphären des Geistes vorstößt. All diese Elemente ließen sich bei diesem Projekt einbringen.

Man muß jedoch die Tatsache berücksichtigen, daß Liechtenstein ein sehr junges Land ist. Es wurde von einer großen Wiener Familie geschaffen. Im Hintergrund steht also die große österreichische Rokoko-Tradition. Diese Tradition war in meinem Geist präsent. Diese parnassische Tradition wollte das Bild einer imaginären, traumhaften und märchenhaften Welt vermitteln, wie Stift Melk zum Beispiel. Sie war eine Quelle für diese märchenhafte

The Nibelungen were said to hail from the city of Saint-Gall nearby. This relation to the Rhinegold fascinated me so much that gold became a major factor of the building. To me it constituted a vital element of the country of Liechtenstein.

The project was also marked by another aspect. The country of Liechtenstein also was a spiritual center of the alchemists. Paracelsus often came here. Here we find another caracteristic aspect of the country which is just as vital as the one previously mentioned: the transformation of gold. Moreover the three fingers belong to a giant emerging from the mountain. This element expressed an important element of the Germanic culture: Nietzsche's Übermensch walking down the slope of a mountain. On the other hand gold is often associated with fire; for the Chinese gold is the symbol of fire. By putting these two elements together, the three fingers and the fire recall the image of Prometheus. He is the giant who brought man the fire, and he's also Nietzsche's Übermensch whose three fingers touch the energy of gold: the fire as the image of wisdom, the idea of the Holy Ghost. Alchemy simply means transformation, the spiritual transformation of man who wants to reach the higher stages of the spirit. All these elements were simultaneously present in the project of the building.

Though one must not forget that the country of Liechtenstein is a recent creation. It was founded by a Viennese family. Therefore it benefits from the background of the grand Austrian tradition of rococo. This also was an important feature I had to bear in mind. This Parnassian tradition wanted to convey the image of an imaginary world, between dream and fable, as it appears for example in the abbey of Melk. It was a source of inspiration for this fairytale world, for the world of poetry I wanted to bring to life in this building.

The three buildings which we have just described in brief, have some caracteristics in common which I maintain to be fundamental for a work of art.

All three are based on a functional concept, the key element being that the internal life of the building is of vital importance and that this internal life has to be expressed in a poetic way. This is what I call the immediate content.

und poetische Welt, die ich auf dieses Gebäude übertragen wollte.

Diese drei, kurz vorgestellten Gebäude weisen einige gemeinsame Wesenszüge auf, die ich bei der Schaffung eines Kunstwerkes für grundlegend halte.

Alle drei gehen von einer bestimmten Funktion aus, wobei wesentlich ist, daß das Innenleben poetisiert werden muß, da es für das Gebäude essentiell ist. Das ist das, was ich den unmittelbaren Inhalt nenne.

Die Tradition ist entscheidend. In den beiden Kunstschulen findet die kubanische Tradition Ausdruck, vor allem im Fall der Schule für bildende Kunst hat es mir die Tradition möglich gemacht, auf weitergehende Problemstellungen des Ausdrucks zu stoßen. In Liechtenstein ist es – wie wir gesehen haben – die österreichische Tradition, basierend auf dem Rokoko, die als Quelle der Inspiration diente, wo Mozart einen herausragenden Platz hat, so als ob er das Wesen von Österreich wäre.

Ich greife immer auf das übergeordnete Bild zurück, wie zum Beispiel den Anthropomorphismus der Schule für bildende Kunst. Wenn es ein Bild gibt, ist es das Bild der Stadt, das Bild eines Glases, das in der Schule für modernen Tanz zerbricht.

Wie aus der Präsentation dieser Gebäude hervorgeht, ist der mittelbare Inhalt in meiner Architektur omnipräsent, denn in ihm vereinen sich die essentiellen Elemente.

Tradition also plays an essential role. In the two Schools of Art the Cuban tradition finds its expression, especially in the School of Fine Arts which gave me the opportunity to find problems of expression in a much wider scale. In Liechtenstein, as we have just seen, the Austrian tradition centered on the rococo was the source of inspiration, this tradition where Mozart holds a dominant position, as if Mozart was the essence of Austria itself.

I also always use the superimposed image as for example in the anthropomorphism of the School of Fine Arts. If there is a figurative image, it surely must be the image of the city, the image of a glass which breaks in the School of Modern Dance.

As I have shown in this presentation of some of my buildings, the mediate content is always present in my architecture, as it is here that all the vital elements are being expressed simultaneously.

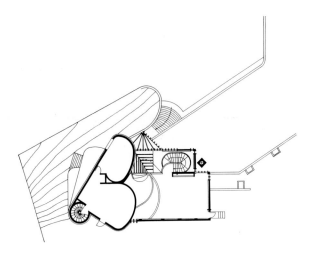

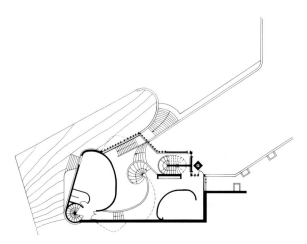

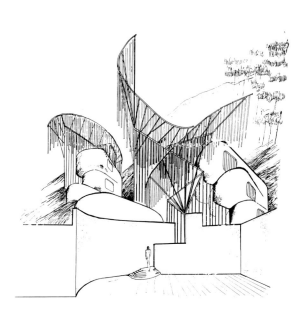

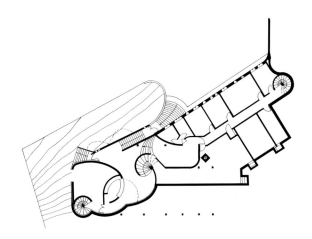

**Center of Art and Communication, Vaduz, Liechtenstein,
Assistant David Biguelman, Completion 1973–1975**

Interior view

Interior view

**Center of Art and Communication, Vaduz, Liechtenstein,
Assistant David Biguelman, Completion 1973–1975**

Die Explosion der Jugend

Wie hätte man nach dem Mai '68 ein Haus der Jugend planen können, ohne sich an jene Explosion zu erinnern, ohne auf die Rebellion der Jugendlichen auszuspielen, die sich in so vielen Ländern fast gleichzeitig vollzog? Daher wollte ich die funktionelle, vorgegebene Organisation des Projektes (ein Mehrzwecksaal und ein Spielsaal, die eventuell als Theaterbühne dienen konnten, zwei große Ateliers und Sitzungssäle) einem aussagekräftigen Bild unterordnen, das jene verzweifelte Romantik der Jugendlichen widerspiegelte. Das Grundstück, das am Rande eines Parks am Ufer des Rheins leicht unterhalb der Zufahrtsstraße lag, war auf beiden Seiten von hohen Bergen umgeben. Man konnte das Gebäude daher von überall sehen, vor allem von oben, was dem Dach eine bedeutende Rolle zukommen ließ. Ich habe mich des Spieles der Dächer bedient, um den Körper eines jungen Mannes darzustellen, dessen Brust berstet und dessen Kopf und Hände davonfliegen.

The Explosion of Youth

How can one plan a youth center, especially after 1968, without being reminded of this explosion, without making an allusion to the rebellion of young people in so many countries? Thus I wanted to superimpose an image, an echo of this desperate romanticism, on the functional organization required (a function hall and a play hall which was also meant to serve as a theatre stage, two big workshops and meeting rooms). The ground was situated on the edge of a park on the Rhine, slightly lower than the access road, and dominated by high mountains. This means that the building could be seen from all sides, particularly from above, which gave the roof a predominant role. I played with the forms of the roof to make it assume the figure of a young man whose chest bursts open and whose hands are sent flying.

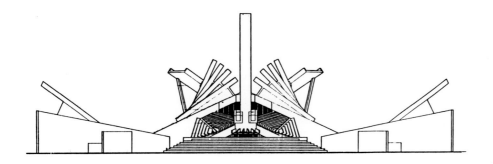

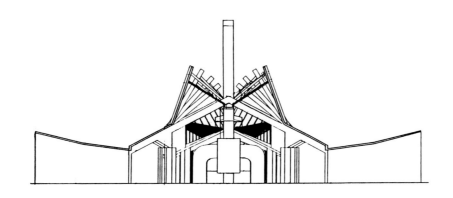

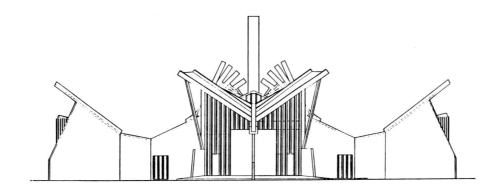

Above: Elevation front
Center: Sectional view
Below: Elevation back

Youth Center, Vaduz, Liechtenstein, Project 1972

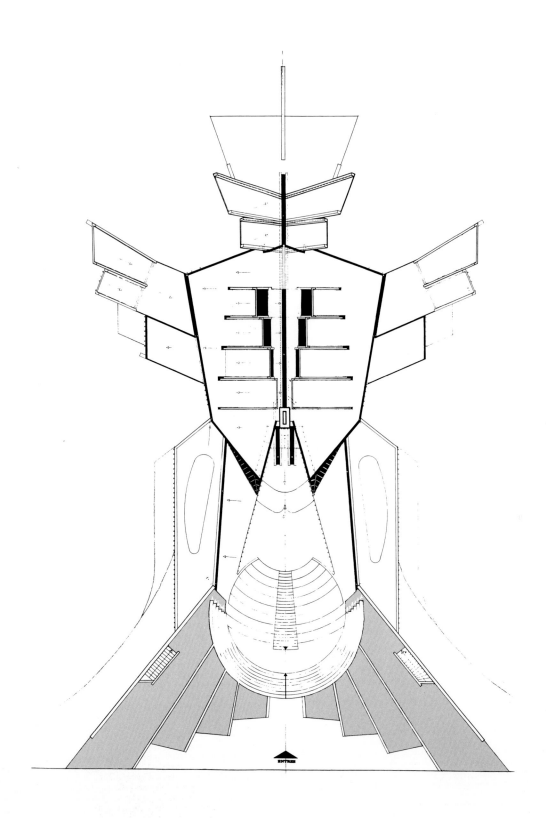

Roof plan

Model

Youth Center, Vaduz, Liechtenstein, Project 1972

Und die Stadt wird Mensch

The City Becomes Man

Die Landschaft der Bucht von Plitvine mit den ins Meer abfallenden Hügeln und den Steinmauern, innerhalb derer Wein angebaut wird, vermittelt den Eindruck eines riesenhaften Menschen, der bis zur Hälfte im Wasser steht. Ein Land der Legenden. Korčula soll einst von den Argonauten besiedelt worden sein, und die Nachbarinsel soll in der Antike die Harpyien beherbergt haben. Ich mußte dem Geist dieser Landschaft gerecht werden und gestaltete ein städtebauliches Projekt mit Häusern, Infrastruktur, einem Verwaltungszentrum, Straßen, Plätzen, einem Parkplatz und einem Hafen. Ausgehend von diesen Komponenten stellte ich mir einen mythischen Menschen vor, einen dem Wasser entsteigenden Riesen, dessen einzelne Körperteile sich von weitem gesehen zu einem Ganzen fügen sollten, wie in einem Gemälde von d'Arcimboldo: die Verwaltung war der Kopf, das Restaurant der Magen, das Labyrinth im Zentrum die Gedärme, die sozialen Räume die Hände, das Amphitheater das Schambein und der Kai das Geschlecht. Auf dem Hauptplatz haben alle Häuser die Form eines Menschentorsos, Schulter, Achsel, Brust ... Und die Stadt wurde Mensch.

The site of Plitvine bay, with its hills slowly falling into the sea and its stone walls around the vineyards, reminds one of a giant man halfway submerged in water. This place is steeped in mythology. The island of Korčula is said to have been colonized by the Argonauts and the neighbour island to have housed the Harpies. I wanted to bear in mind the spirit of this landscape in creating an urban project with houses, public services, an administrative center, with streets, squares, a parking lot and a port. On the basis of these elements I wanted the whole composition to represent the image of a mythological man, a giant rising from the water, whose different parts, seen from the distance, would merge and form a body, like in painting of Arcimboldo's: the administrative center would form the head, the restaurant the stomach, the central labyrinth the intestines, the social spaces the hands, the amphitheatre the pelvis and the quay would represent the phallus. All the houses on the main square have the form of a torso fragment, a shoulder, an armpit, a chest ... And the city became man.

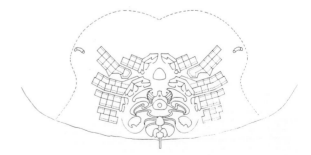

Ground plan with surroundings

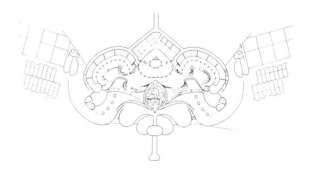

Above: Model
Left: Floor plan

**Vacation Village, Vela Luca (Island Korčula),
Yugoslavia, Competition 1972**

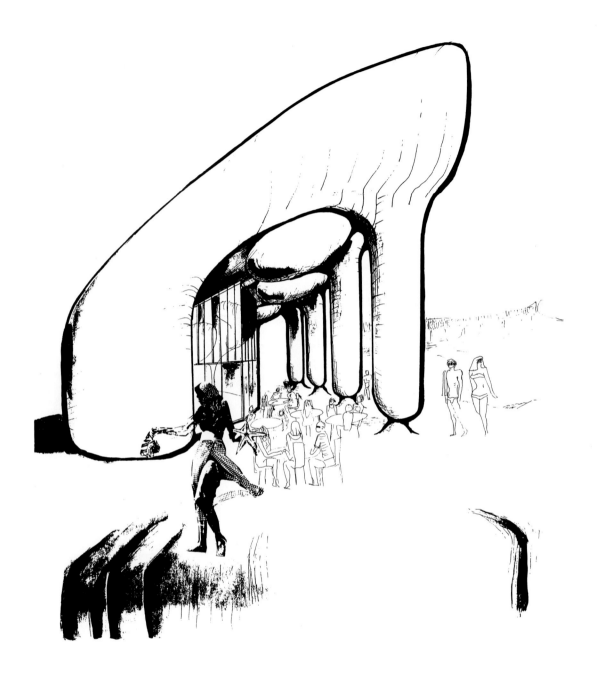

Detail drawing

Detail drawing

**Vacation Village, Vela Luca (Island Korčula),
Yugoslavia, Competition 1972**

Die Gonzalo Schule

Dieser Wettbewerb gab mir die Möglichkeit, ein sehr persönliches und tiefes Gefühl zum Ausdruck zu bringen: Ich widmete dieses Projekt meinem verstorbenen Sohn. Das Projekt erinnert mich an die *Kindertotenlieder* von Mahler. Ich wollte hier wieder einmal eine Vielfalt von Räumen und Wegen schaffen, so wie dies in einer Stadt der Fall ist. Eine Passage führt – wie eine schmale Straße – zum Eingang. Dort sieht man die Skulptur eines Buches, geschmückt mit einem Bild von Albert Bitran – Wissen und Poesie. Im ersten Hof stoßen wir auf einen Platz, die äußeren Kurven der Klassenräume verwandeln sich in Kindergesichter (aus einer einzigen Form aus Beton geschaffen), das Wasser quillt aus einem Brunnen hervor, der die Form von Kinderhänden hat, und die Stiege eines offenen Klassenzimmer verliert sich im Unendlichen. Die Gonzalo Schule ist ein Abbild des Lebens, hier wird die Schule zur Stadt.

Gonzalo School

This competition provided me with the opportunity to express a very deep personal feeling. I dedicated this project to my son who has disappeared. To me, it calls the *Kindertotenlieder* by Mahler to mind. Here, again, the school is meant to offer a great variety of spaces and streets as they can be found in a city. A passage way, like a narrow street, leads to the entrance with the sculpture of a book decorated by a painting of Albert Bitran—knowledge and poetry. In a first courtyard, a square, the exterior curved forms of the classroom merge into children's faces (cast in concrete in a single moulding), water rises from a fountain in the form of a child's hand, and the stairs of an open classroom lead to infinity. The Gonzalo School is an image of life, here the school becomes a city.

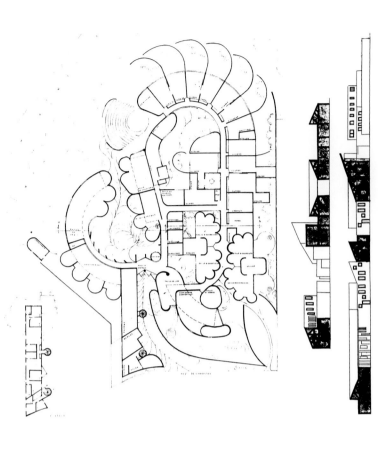

Gonzalo School, Marne la Ville (Seine-et-Marne), France, Competition 1976

Eine Landschaft in der Stadt

A Landscape in the City

Das L-förmige Gelände und die „Umfeldvorgaben" dieses Wettbewerbs ließen den Architekten wenig Spielraum. Daher entschieden wir uns für eine Gestaltung, durch die das Gelände größer wirken sollte, die Begrenzung jedoch beibehalten würde. Bei diesem Projekt wollten wir ein Bild der Natur entwerfen. Die Straße wurde zur Landschaft: die Vision einer Berglandschaft. Sie wurde zum echten Rückgrat des Projekts, mit Stadtmauern, die in regelmäßigen Abständen von riesigen Freitreppen unterbrochen wurden, Sekundärachsen, die direkt zu den Wohnungen führten. Die hintere, zum Park weisende Fassade zitiert in ihrer Gestaltung einen Wald. Das Design des Gemeinschaftshauses erinnerte an Schwärme hochfliegender Vögel … Die Formensymbolik bedarf keiner großen Erklärungen, das Naturgefühl stellt sich ohne weitschweifende Reden ein. Der Rhythmus des Gebauten schafft unterschiedliche Bewegung, der Verlauf der Treppen entwickelt eine nach innen führende räumliche Spannung, und die Dächer, rund und spitz im Wechsel, tragen dazu bei, sich eine Verwandtschaft zwischen Natur und Wohnungen machen zu können.

The L-shaped site and the "environment programme" imposed by the competition left the architects with very little freedom of design. Therefore we decided to enhance the site while at the same time keeping its external shape. Our aim in this project was to make it reflect an image of nature. The street was transformed into a landscape, the vision of a mountain scenery. It became the genuine spine of the project, with its city walls interrupted by large stairways which, as secondary axes, led to the apartments themselves. The rear façade pointing to the park was conceived as a wood. The design of the public building made one think of a flock of birds flying through the air…The symbolism of forms does not depend on the intellect but there is a great feeling of nature which is naturally induced. The rhythms of the buildings create different movements. The meaningful orientation of the stairways develops a spatial tension toward the interior, and the roofs, with their round and pointed shapes, help to create the illusion of a resemblance between the apartments and nature.

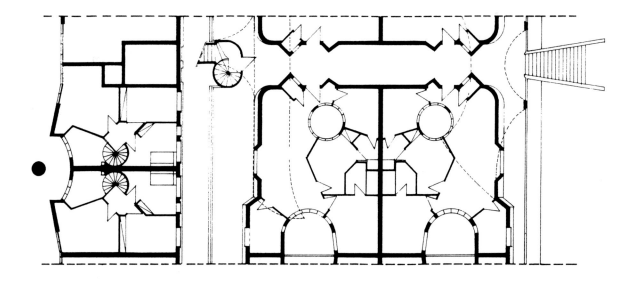

**"The Forest", Towns Housing, Cergy-Pontoise, (Val-d'Oise), France,
Competition with Jean Robein, Jean-François Dechoux and Amin Kabbaj, 1978**

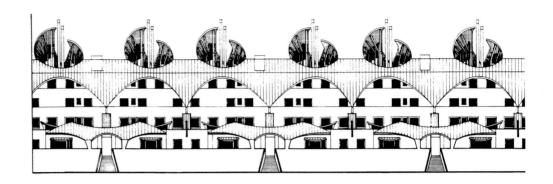

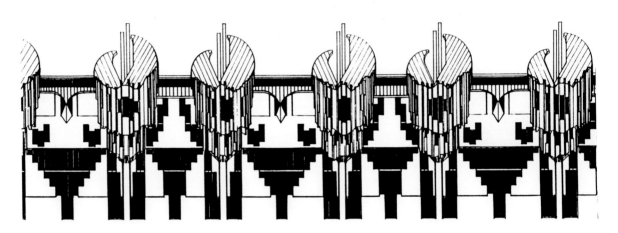

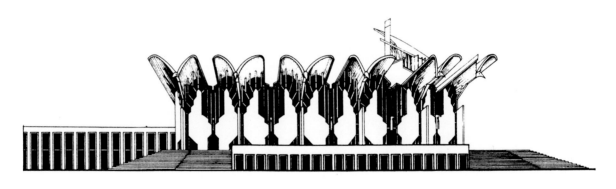

Above: Elevation
on the street
Center: Elevation on the
parkside as forest

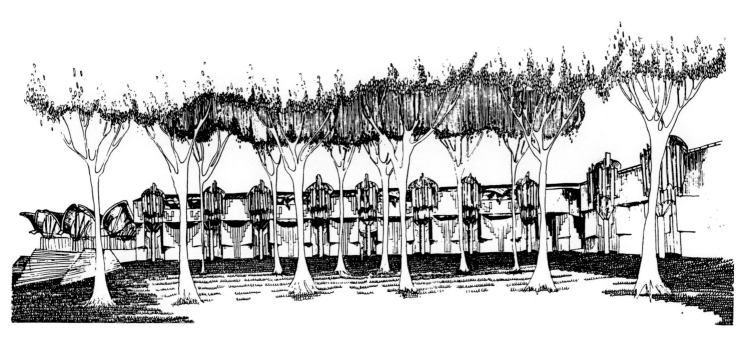

Above: View of the park
Below: Entrance view

**"The Forest", Towns Housing, Cergy-Pontoise, (Val-d'Oise), France,
Competition with Jean Robein, Jean-François Dechoux and Amin Kabbaj, 1978**

Das Janus-Haus

Dieses Doppel-Haus (zwei gleiche Häuser auf ein und demselben Grundstück) ist Ausdruck der Dualität. Das Haus ist um einen Hof herum in Form einer aufsteigenden Spirale angeordnet, die im obersten Ende des Kamins kulminiert. Durch die Form des Daches sieht das Ganze wie ein mythisches Tier aus. Die äußeren Pfeiler verschärfen die Schneckenform (liebes Tier) und lassen diese zu einer Skolopenderform (aggressives Tier) werden. Die Kapitelle der acht Säulen des Salons stellen die Köpfe des Janus dar, eines Gottes mit zwei Gesichtern, die in die entgegengesetzte Richtung schauen. Im zentralen Hof ist ein Brunnen an die Außenwand des Kamins (Feuer, Wasser) angebaut. Der Boden des kleinen Eingangshofes stellt ein Yin-Yang dar.

The Janus House

This double house (two identical houses built on the same ground) revolves around the symbol of duality. It develops around a courtyard into an ascending spiral which culminates at the top of the chimney. The form of the roof conveys the aspect of a mythical animal to the whole setting. The exterior pillars render the form of a snail (lovely animal) which then transforms into a centipede (aggressive animal). The capitals of the eight columns in the living room are Janus' heads depicting the God with two faces, each looking in the opposite direction. In the central courtyard a fountain is built onto the exterior wall of the chimney (fire and water). The floor of the small courtyard at the entrance represents a ying-yang symbol.

Model

**Private House „Janus", Villa Metz (Moselle), France,
Project with Jean Robein, 1978**

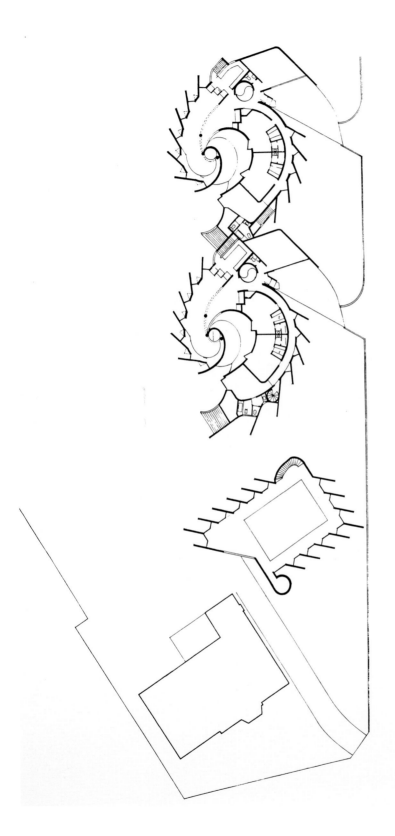

Left: Ground plan
Right: Exterior view

Private House „Janus", Villa Metz (Moselle), France,
Project with Jean Robein, 1978

Die Quelle des Wissens

Diese Bibliothek sollte im Zentrum von Villeneuve-d'Ascq errichtet und an ein Theater angebaut werden, das die Form eines Betonwürfels hat. Ein schwieriger Ort für eine poetische Architektur. Bei diesem Projekt kam uns ein Satz von Flaubert in den Sinn: „Alles auf der Welt ist dazu geschaffen, in einem Buch zu münden." Vom gegenüberliegenden Park aus betrachtet, sieht die hintere Fassade des Gebäudes so aus, als wäre sie ein Buch mitten in der Natur. Die beiden Gewölbe der Eingangshalle ähneln einem offenen Buch, und die Dächer der Lesesäle haben die Form von Bergen. Aus dem Buch quillt ein Brunnen hervor, ein tosender Fluß, der in einem Strudel endet, der bis in die Mitte der Erde vorzudringen scheint. Auf einem Pfeiler am Eingang befindet sich eine Taube, die auf den Kapitellen im Lesesaal wiederkehrt. Dort sticht eine Flamme aus dem Kamin hervor. Es ist die Gegenwart des Heiligen Geistes, die Gegenwart der Spiritualität und des Wissens. Auf wundersame Weise erinnerte mich dieses Projekt an ein Gedicht von Rilke mit dem Titel *Schwerkraft.*

The Source of Wisdom

This library was supposed to be built right in the center of Villeneuve-d'Ascq against a concrete cube housing a theatre. A difficult location for poetic architecture. When considering the project, a sentence by Flaubert came to our mind: "Everything in the world is made to end up in a book". From the park opposite, the rear façade of the building looks like a book surrounded by nature. The two vaults of the hall resemble an open book and the roofs of the reading halls are shaped like mountains. From the book rises a spring, growing to a wild river that seems to flow into the center of the earth. At the entrance, a pillar is crowned by a dove which reappears on the capitals in the reading room. There, a flame sculptured on the fireplace/chimney, symbolizes the presence of the Holy Ghost, the presence of spirituality and wisdom. In a strange way this project made me think of a poem by Rilke called *Gravity*.

Entrance view

Model

**Library, Villeneuve-d'Ascq, France, Project with Philippe Louguet,
Jean Robein and Jean-François Dechoux, 1980**

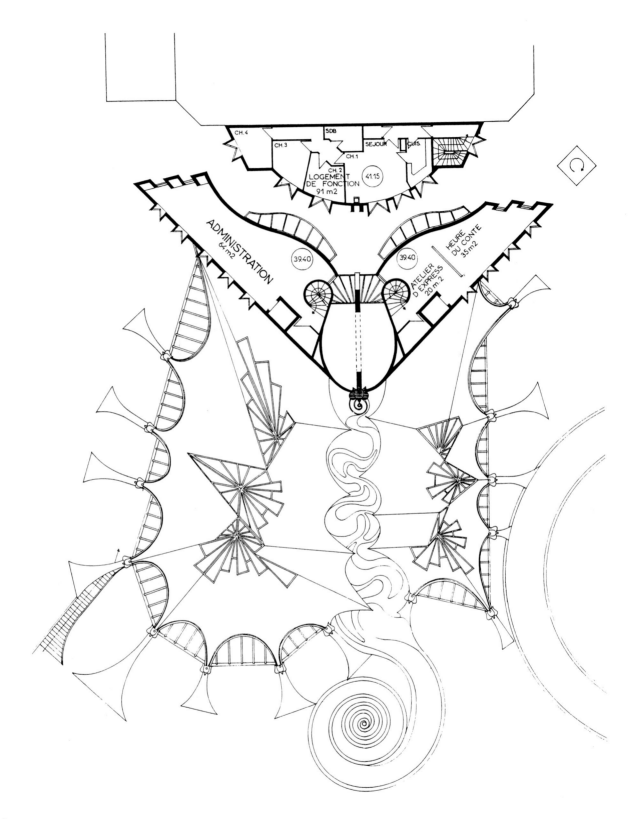

CH. 4
SDB
CH. 3
SEJOUR
CUIS.
CH.1
CH. 2
LOGEMENT DE FONCTION 91 m2
41.15
ADMINISTRATION 64 m2
39.40
39.40
ATELIER D EXPRESS 20 m2
HEURE DU CONTE 35 m2
C

Ground floor plan

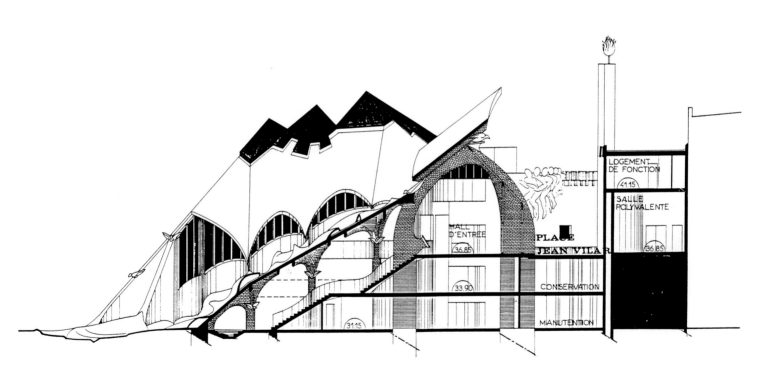

Above: Elevation
Below: Sectional view

**Library, Villeneuve-d'Ascq, France, Project with Philippe Louguet,
Jean Robein and Jean-François Dechoux, 1980**

Dynamik und Tradition

Durch die gleichzeitige Präsentation mehrerer Ansichten eines Objekts, durch das Übereinanderlegen von Bewegungen, von unterschiedlichen Rhythmen, wird auf die Welt Bezug genommen, wie sie seit Einstein verstanden wird – ein permanentes Erscheinungsbild zeitgenössischer Kunst. Bei diesem Projekt ließen wir uns von den Bewegungen des Tanzes inspirieren. Die Dächer der Klassenzimmer verweisen auf die Drehung um eine Achse, ähnlich der Pirouette. Gleichzeitig wird durch die Anordnung der Volumina und der Formen eine weitere Achse geschaffen, die dazu anregt, das ganze Gebäude zu durchlaufen, da sie von einem fast urbanen Zentralraum ausgeht und entlang einer stets ansteigenden Linie verläuft. Mein zweites Anliegen bestand in einer Hommage an Schloß Chambord. Dies habe ich in der Gegenüberstellung der glatten Teile im unteren Teil der Fassade – ähnlich wie im Baukörper des Schlosses – und der Vermittlung eines Wirbels – als etwas abgehobener Ausdruck der oberen Teile, die sich in alle Richtungen entfalten – umgesetzt.

Dynamics and Tradition

Presenting several views of an object simultaneously, superimposing movements and different rhythms, means to refer to the world as it has been conceived since Einstein. This is a permanent feature of contemporary art. This project was inspired by the movements of dance. The roofs of the training rooms induce a rotation around an axis, in allusion to the pirouette. Simultaneously, the distribution of the volumes and the forms creates another movement inciting one to run through the whole building, starting from a nearly urban central space and leading upward in a slowly ascending spiral. My second ambition was to render homage to the Château de Chambord. To achieve this, I confronted the plain lower portion with the façade to the folly of the upper portion thus enhancing the sensation of a whirl expressed in the roofs which seem to lean in all directions.

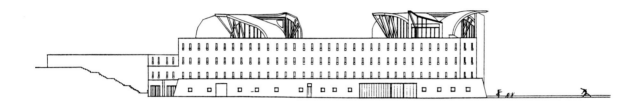

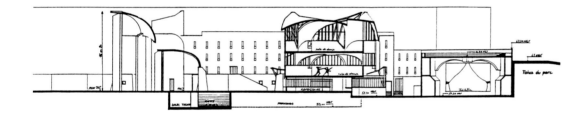

Above: Elevation
Center: Façade
Below: Sectual view

**Dance School for the Paris Opera, Nanterre (Hauts-de-Seine),
France, Competition with Miguel Acosta, 1983**

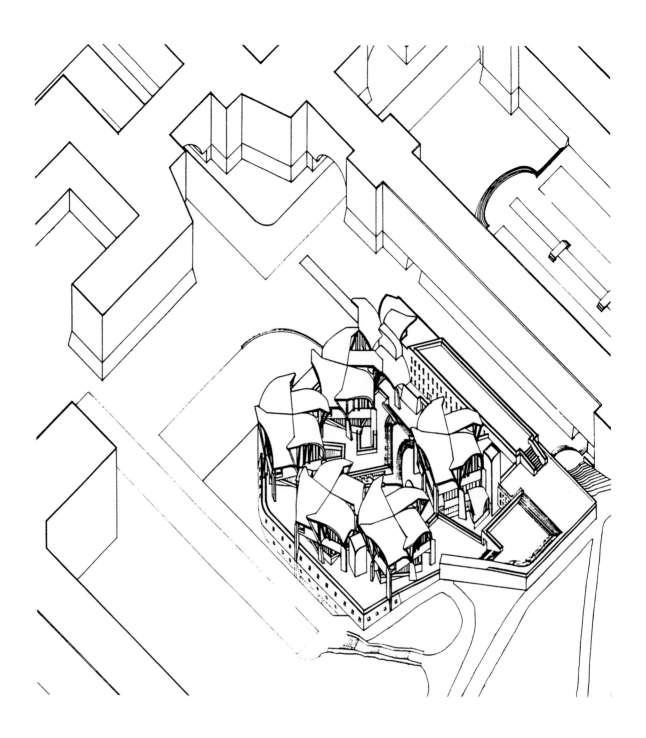

Axonometric drawing,
roof figurations have
rotation movement

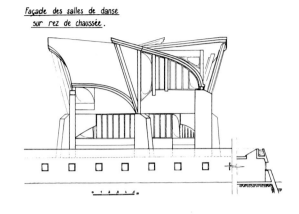

Façade des salles de danse
sur rez de chaussée.

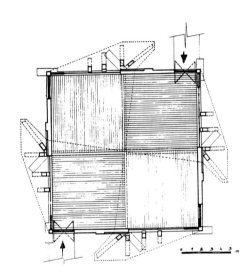

Left side above and below:
Perspective drawings
Right above: Façade of the
dancing hall, ground floor
Right below: Roof plan,
detail

**Dance School for the Paris Opera, Nanterre (Hauts-de-Seine),
France, Competition with Miguel Acosta, 1983**

30 Wohneinheiten in Stains

30 Dwellings in Stains

Die Wohnungen wurden in einem Industrievorort im Norden von Paris errichtet. Das Grundstück war sehr schwierig: Es ist trapezförmig und an den beiden Breitseiten durch benachbarte Bauten abgeschlossen, die Rückseite öffnet sich direkt zur Eisenbahnlinie hin, die von Paris nach Norden führt.

Mit dem niedrigsten Budget, mit dem jemals in Frankreich gebaut wurde, errichteten wir ein dreigeschossiges Wohnhaus – die Höhe war begrenzt – nahezu ohne Öffnungen an der Außenfront, das wir um einen elliptischen Platz – mit direkten Zugängen zu jeder einzelnen Wohnung – anordneten. Die Wohnungen im Erdgeschoß haben einen kleinen privaten, durch eine Mauer geschützten Hof, über den der Zugang zur Wohnung führt. Die Wohnungen in den beiden oberen Geschossen sind Maisonettewohnungen, die durch Außenstiegen erschlossen werden. Mit dieser Organisation beabsichtigten wir zweierlei: Die Bewohner sollten einerseits das Gefühl haben, in einem Einfamilienhaus zu wohnen statt in einem der üblichen unmenschlichen Wohnblocks, und andererseits sollten Kosten gespart werden: überflüssige Räume wie Eingangsbereiche oder Gänge wurden vermieden.

Unser Projekt sollte ein Abbild der Stadt werden. Der Eingang besteht aus einer engen Straße, die die Bewohner zum elliptischen, zentralen Platz hinführt, auf den das Leben in den Wohnungen ausgerichtet ist.

Wir wollten nun trotz dieses überaus engen, geschlossenen Raumes ein Gefühl der Unendlichkeit vermitteln. Die Fassaden wirken durch die den Hof umschließenden Mauern tief, ein Eindruck, der durch das vibrierende Spiel der Erkerfenster und Pfeiler noch verstärkt wird. Den Platz gestalteten wir dem Kosmos entsprechend elliptisch; der Grundriß ist ein Symbol der Unendlichkeit. An einem Ende bildeten wir mit einem Stiegenhaus ein Trompe-l'œil, das ebenfalls in die Unendlichkeit weist.

The apartments were built in an industrial suburb north of Paris. The site was a very awkward one: it is in the shape of a trapezium with both its broadest sides enclosed by neighbouring buildings, and the rear bordering directly on the railway line that runs from Paris to the north.

With the lowest building budget ever available in France, we made a three floor building—the height was limited—with very few windows facing out from the site. We decided to organize the building around an elliptic "piazza" to which every apartment had direct access. Those on the ground floor have a little private courtyard, protected by a wall, that people have to cross to get in. Those of the upper two floors are duplex and access to them is achieved by external stairs. This organization has two purposes; the first is to give to the dwellers the sensation of living in a private villa instead of the usual impersonal block of flats; the second one is economic: avoiding the waste of space created by entrance halls and corridors.

We conceived our project as a reflection of the city. The entrance is a narrow street which drives people to the elliptic central piazza in which the life of the flats is focused.

In this very confined, closed space we wanted to give an impression of infinity. To this end we gave the façades a feeling of profundity with the walls of the courtyard. Behind the play of the bow-windows and pilasters cosmic connotation, we drew on its floor a symbol of infinity, and, at its end we made with a staircase, a "tromple-l'œil" going to infinity.

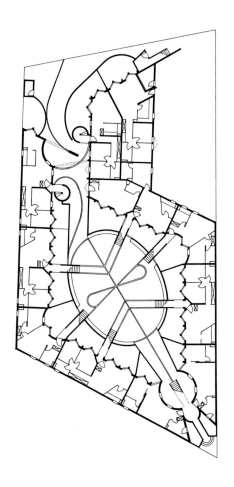

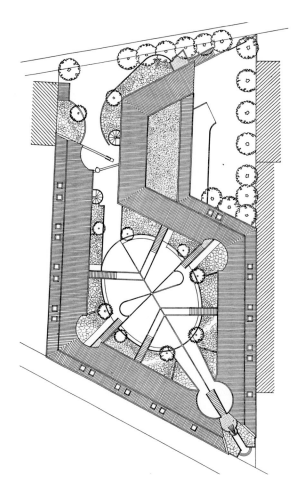

Above: Elevation
Left below: Floor plan
Right below: Roof plan

**30 Residental Dwellings, Stains (Seine-Saint-Denis), France,
Project with Renaud de la Noue, Completion 1991–1992**

College Elsa Triolet, North Suburb of Paris (Saint Denis), France,
Project with Renaud de la Noue, Completion 1990

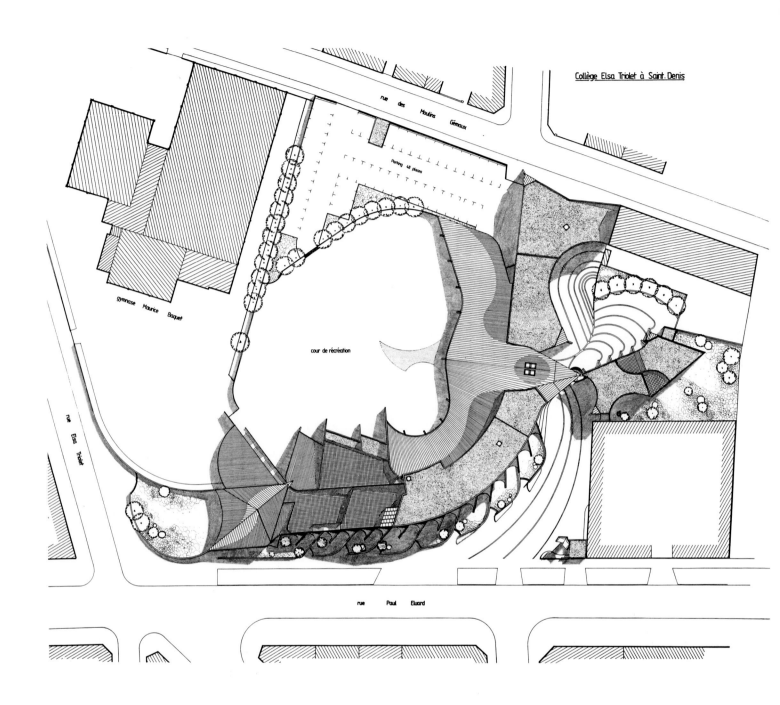

rue des Moulins Gémaux

Parking 48 places

gymnase Maurice Baquet

cour de récréation

rue Elsa Triolet

rue Paul Eluard

Roof plan

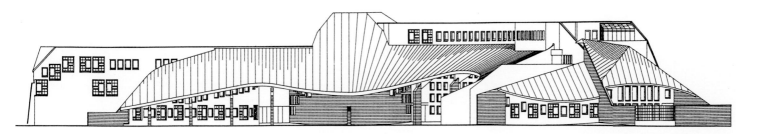

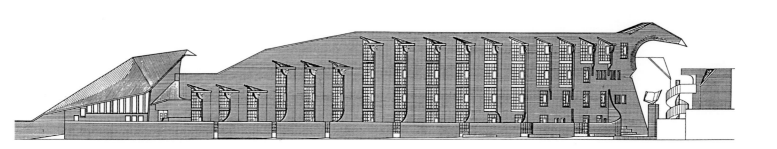

**College Elsa Triolet, North Suburb of Paris (Saint Denis), France,
Project with Renaud de la Noue, Completion 1990**

Elsa-Triolet-Schule in Saint Denis

College Elsa Triolet in Saint Denis

Das Programm dieser Schule sah die Öffnung einer Verbindung zweier Straßenzüge inmitten eines Grundstückes vor. Wir beschlossen, zwei Plätze zu schaffen, die auf der einen Seite von der Schule selbst und auf der anderen Seite von Dienstwohnungen begrenzt sind. Der Eingang zum Schulgebäude ist gleichzeitig die Verbindung zwischen diesen beiden Plätzen. Abseits vom Verkehr gelegen, sollen sie als Nachbarschaftszentrum fungieren und dem Bezirk einen betont städtischen Charakter geben.

Die Schule besteht aus zwei Flügeln, welche in eine zentrale Halle mit dem Haupteingang und einer Aula münden. Die Haupthalle wird von zwei abgehängten Gängen durchquert, die die beiden Flügel miteinander verbinden. Von der Decke weg laufen fünf mächtige Balken in einer organischen Bewegung in der Aula zusammen.

Von hier aus erschließt eine majestätische Stiege sämtliche Klassenräume des viergeschossigen Gebäudes, die durch das durch die zahlreichen Öffnungen einfallende und von den bunten Wänden reflektierte Licht leicht und bewegt wirkt. Die Klassenzimmer im Erdgeschoß gehen auf einen Hof. In den oberen Geschossen ist die Hauptfassade durch Erkerfenster rhythmisch-dynamisch gegliedert. Der Musiksaal ist um eine Mittelachse gewunden und einem Künstleratelier nachempfunden. Der Speisesaal ist wunderbar, die Bibliothek ruhig und freundlich gestaltet.

Da wir dem Gebäude eine poetische Note verleihen wollten, griffen wir auf ein antikes Symbol für Weisheit, die Taube, zurück: Der Eingang ist der Kopf, die Halle der Körper, und die beiden Flügel des Gebäudes sind die Schwingen.

Mit Farben, wie sie ein Künstler verwendet, wurde die Taubenform des Grundrisses und des Daches zusätzlich betont: Das Gebäude in Gestalt einer Taube, die sich von einem offenen Buch erhebt und so den Schlüssel zum Verständnis des Komplexes darstellt.

The program of this high school stipulated the need for a link between two streets to run through the middle of the site. We decided to create two piazzas with the school on one side and the administrator's dwellings on the other; the entrance of the school ist the articulation of those two piazzas. Remote from the traffic they should act as the center of the neighbourhood and give a strong urban character to the district.

The high school has two wings which are joined in a central hall housing the main entrance and an assembly hall. This main hall is spanned by two hanging footbridges which join both wings with each other. From the ceiling five massive beams fall in an organic movement, converging on the assembly hall.

From here a majestic staircase opens up, giving access to all the classrooms which are situated on the fourth floor. It is animated by coloured light from a multitude of windows and reflected from coloured walls. The classrooms on the ground floor open onto a courtyard. On the upper floors the main façade is rhythmically structured with the large bay windows. The music room is wound around a central axis and adapted from an artist's studio. The dining room is magical and the library promotes peace and quiet.

We wanted to give a poetic character to the whole building and decided to use an ancient symbol of knowledge: the dove. The entrance would be the head, the hall would be the body and the two wings of the building would represent the wings of the dove.

Colours, used as an artist would employ them, accentuate the dove shape of the ground plan and the roof: the building has the form of a dove rising from an open book and gives the key to understanding the meaning of the complex.

View from the court

Interior view of the library

Interior view

**College Elsa Triolet, North Suburb of Paris (Saint Denis), France,
Project with Renaud de la Noue, Completion 1990**

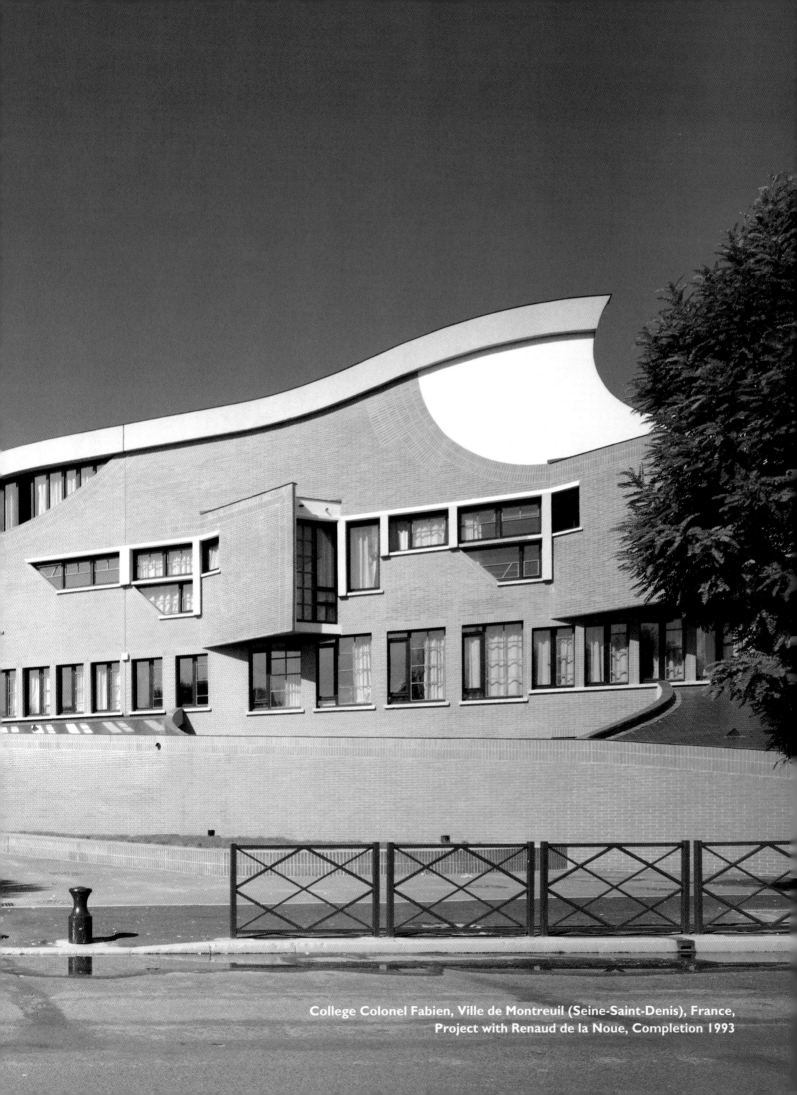

College Colonel Fabien, Ville de Montreuil (Seine-Saint-Denis), France,
Project with Renaud de la Noue, Completion 1993

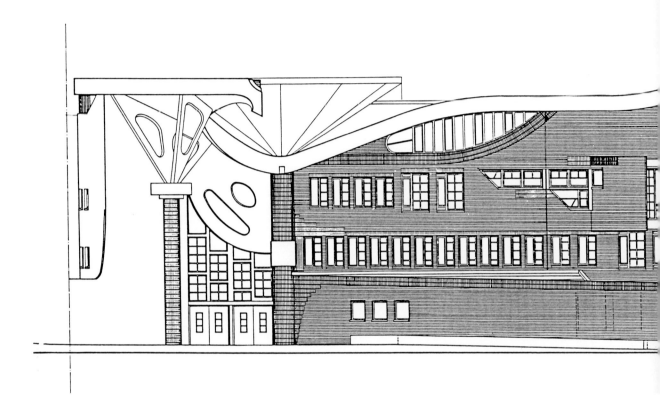

Elevation of the façade
facing Colonel Fabien Ave.

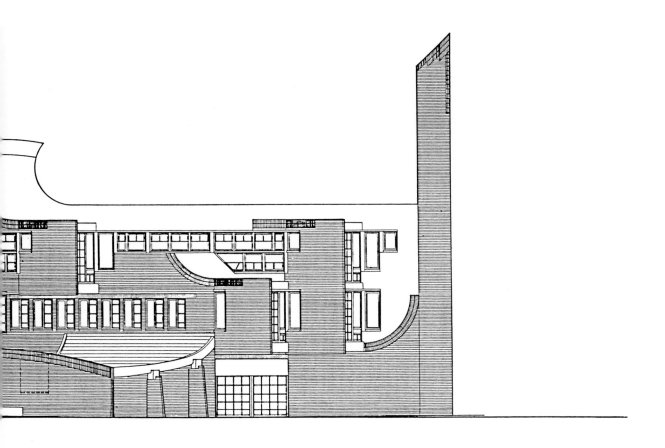

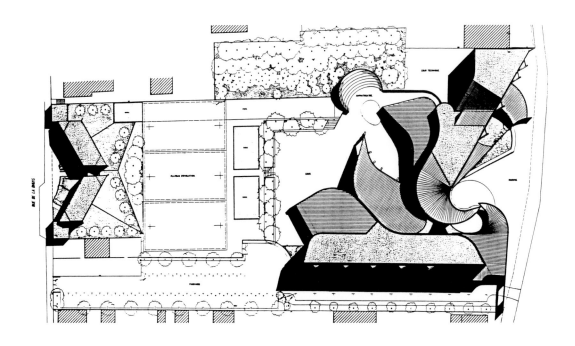

Roof plan

**College Colonel Fabien, Ville de Montreuil (Seine-Saint-Denis),
France, Project with Renaud de la Noue, Completion 1993**

Das Collège Fabien in Montreuil

Dieses Gebäude ist das Ergebnis einer sehr engen Zusammenarbeit zwischen den Architekten Ricardo Porro und Renaud de La Noue.

Die Schule wurde für 600 Schüler konzipiert und geht natürlich auf alle Erfordernisse des modernen Unterrichts ein.

Sie ist in zwei Flügel unterteilt, die in einer Eingangshalle zusammenlaufen. In Nebengebäuden wurden ein Turnsaal, der Speisesaal und die Dienstwohnung des Schulwartes untergebracht.

Die Klassenzimmer in den Flügeln wurden entsprechend den unterschiedlichen Anforderungen der einzelnen Lehrfächer angeordnet. Jedes Klassenzimmer ist anders. Im Inneren versuchten wir, die herkömmlichen Gänge zu vermeiden, die Schulgebäude meist langweilig erscheinen lassen, um dafür eine interessante und erfrischende Abfolge von Raumvolumen zu schaffen. Den Schülern dieses Pariser Arbeiterbezirks sollte ein Gefühl der Würde vermittelt werden; wir entwarfen daher anstelle der üblichen „Schuhschachteln" richtige Räume.

Für uns ist Architektur gleichbedeutend mit Artikulation, und von einem poetischen Standpunkt aus gesehen, versuchten wir eines der ewig menschlichen Probleme auszudrücken: das Leben in einer Welt voller Widersprüche. Denn Geschichte bedeutet Widerspruch.

Heraklit schrieb: „Der Name des Bogens ist Leben, sein Wirken bedeutet Tod" („Bogen" und „Leben" heißen auf griechisch bios). Beide Begriffe, Leben und Tod, laufen im Bogen zusammen. Auch für Hegel war die Geschichte das Ergebnis widersprüchlicher Entwicklungen; davon ausgehend formulierte er sein Modell der These, Antithese und Synthese, das wiederum zur These wird usw.

Die beiden Flügel der Schule sind in zwei seltsame Tiere gewandelt, ein männliches und ein weibliches. Das männliche Tier scheint das weibliche beschützen zu wollen. Beide Körper schwingen in einer großen kreisförmigen horizontalen Bewegung und bilden auf diese Weise ein Yin-Yang-Symbol, das Symbol des Gleichgewichtes zwischen einem Gegensatzpaar.

The College Fabien in Montreuil

This building is the result of a very close collaboration between the two architects Ricardo Porro and Renaud de La Noue.

It is a school for 600 students which obviously has to satisfy all the modern educational requirements.

The school is divided in two wings that meet in an entrance hall. In the neighbouring buildings one would find a gymnasium, a dining hall and a caretaker's service flat.

The classrooms in the wings were conceived in order to satisfy the specific needs of the various disciplines. Each classroom is different. In the interior we tried to avoid the traditional use of corridors that is so annoying in school buildings, and to create an interesting and refreshing sequence of room volumes. We tried to give to the students of this working class suburb of Paris a feeling of dignity by creating real spaces and not boxes.

For us, architecture is a language, and from a poetic point of view, we tried to express one of the eternal problems of humanity: living in a world full of contradictions; and history meaning contradiction.

Heracleitus wrote: "The arch is called life and its work represents death" (arch and life in Greek are both called byos). Both concepts, life and death, are for him integrated in the arch. For Hegel also, history was the outcome of contradictory forces. It was on this basis that he developed his theory of thesis, antithesis and synthesis which became thesis again, and so on.

Both wings of the college change into two strange animals, one male and the other female. The male animal looks as if it wants to cover the female. Both bodies swing in a large circular horizontal movement and in this way form a Yin-Yang symbol, the symbol of equilibrium between opposites.

The structure of the entrance hall is that of a mythical tree; the tree of life, which is animated by light that shines through coloured glass. On the rear façade, the two roofs of the dining room and the

Die Struktur der Eingangshalle gleicht einem mythischen Baum: dem Baum des Lebens, der sich im Licht der bunten Glasfenster zu bewegen scheint. An der Rückseite des Gebäudes bilden das Dach des Speisesaals und der überdachte Spielplatz in Anspielung an die griechischen „Parzen", die den Lebensfaden durchschneiden, eine Scherenform.

Zwar fließt auch hier die Idee des Widerspruchs ein, allerdings wird sie nicht durch architektonische Symbolik, sondern mittels Bewegung sichtbar gemacht.

Wir wollten mit diesem Gebäude allerdings nicht nur Grundsätzliches zum Ausdruck bringen, sondern auch zu Problemen Stellung nehmen, die für unser Jahrhundert kennzeichnend sind; eines davon hat mit dem Kern der Einsteinschen Relativitätstheorie zu tun – der Gleichzeitigkeit. Das Gebäude scheint zu fließen und in dieser Bewegung den Raum und die Zeit zu beschreiben. Die Bewegung bleibt nicht auf eine Richtung beschränkt, sondern läuft auseinander, simultan, zeitlos, verliert sich in den Fassaden – die Fenster werden zu Pfeilen, die Erker zu Bögen –, um schließlich die zwei mächtigen Balken an der Oberkante des Gebäudes in Schwingung zu versetzen.

Dieses Gefühl der Gleichzeitigkeit wird vor allem durch das Stiegenhaus der Eingangshalle hervorgerufen. Die drei Stiegenläufe decken sich nicht; ihre Bewegungen sind eigenwillig und dennoch harmonisch.

Wie bereits erwähnt, bedeutet für uns Architektur Artikulation. Novalis erinnert uns daran, daß wir der Romantik verpflichtet sind: „Dem Gewöhnlichen soll Erhabenheit verliehen werden, dem Alltäglichen Geheimnis, dem Bekannten die Würde des Unbekannten und dem Endlichen die Aura der Unendlichkeit".

covered playground create the form of scissors, in a reference to the Greek "Parques" that cut the string of life.

The notion of opposition is also present here, this time it is expressed not through architectural symbolism but through movement.

This is not the only meaning that we tried to convey in this building. We also wanted to express problems that are particular to our century. One of these has to do with the heart of the idea that Einstein presented in his Theory of Relativity: simultaneity. The building seems to be moving, and the movement defines the space and the notion of time. It does not move in one direction, but in many directions simultaneously, timelessly, lost in the façades. Windows become arrows, the bow windows become arches and finally the two massive beams on the top make the building oscillate.

This sensation of simultaneity is felt most of all in the staircase of the entrance hall. The three staircases do not match each other; their movements have a mind of their own that is nevertheless harmonious.

As we already mentioned, architecture is an articulation for us. Novalis reminds us that we must be committed to the Romantic ideal: "The sublime should be conferred on the normal, giving a mysterious aspect to what is common, the dignity of the unknown to what is known and a halo of inifnity to what is finite".

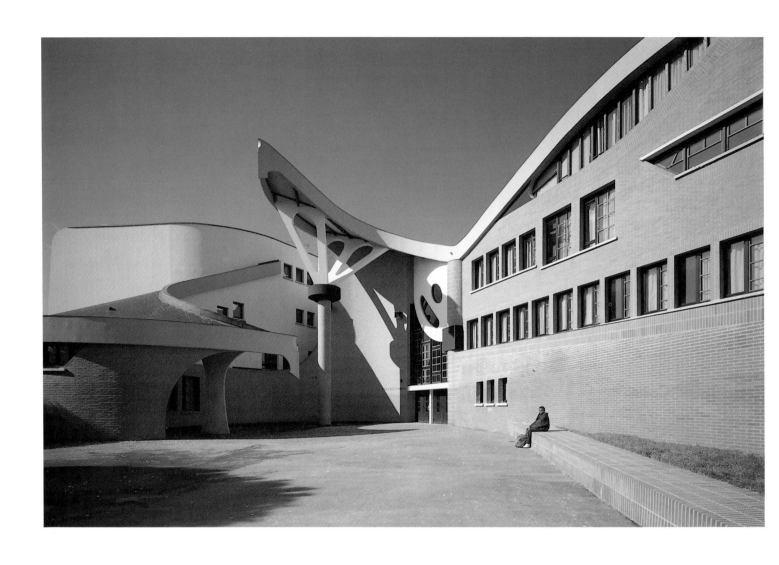

View from
Colonel Fabien Ave.

View toward
Colonel Fabien Ave.

**College Colonel Fabien, Ville de Montreuil (Seine-Saint-Denis),
France, Project with Renaud de la Noue, Completion 1993**

View of the entrance hall
with spiral stairs

Interior view
with spiral stairs

**College Colonel Fabien, Ville de Montreuil (Seine-Saint-Denis),
France, Project with Renaud de la Noue, Completion 1993**

Das Chaudron-Areal in der Plaine Saint Denis – Ein Stadterneuerungsprojekt

Dieses Projekt liegt inmitten des Industriegebietes La Plaine Saint Denis, das sich vom nördlichen Rand von Paris bis zur Vorstadt Saint Denis erstreckt.

Bei diesem Projekt geht es um mehr als dreihundert Wohnungen und 22.000 m² Bürofläche in einem bereits bestehenden, wenn auch lückenhaft bebauten städtischen Raum, bestehend aus Schulgebäuden, Bauhöfen und einem öffentlichen Park.

Baukünstlerisch und städtebaulich sollte unser Projekt in der Größenordnung eines Stadtviertels der großen Tradition des Pariser Städtebaus folgen.

Eine der hervorstechendsten Eigenschaften des Pariser Städtebaus ist die Organisation nach dem Bild des scholastischen Denkmodells.

Diesem Denkmodell zufolge ist der formale Aspekt des Denkens wesentlich und oft sogar wichtiger als das Endergebnis des Syllogismus: Ausgehend von einer Reihe von Hypothesen, von denen angenommen wird, daß sie richtig sind, wird unter fortlaufender Teilung und Unterteilung jedes Gedanken eine Erkenntnis entwickelt, wobei kein Element außer Acht gelassen wird. Die Darstellung dieses Denkprozesses ist ein Baum, aus dessen Stamm drei Äste wachsen, die sich so lange verästeln, bis an jedem Zweig drei Blätter sitzen.

Paris gleicht solch einem Baum. Einige Hauptachsen (Louvre–Champs Élysées, Cours de Vincennes usw.) teilen sich bei jeder Kreuzung in mehrere Stränge, die sich wieder teilen usw.

Für diese Struktur, die ab dem Barock unter Ludwig XIV. auf Paris Anwendung fand, war die Achse als Kriterium von höchster Bedeutung, aber Achsen, wie jene von Versailles führten in den Himmel, das heißt, in die Unendlichkeit. Die Achse ist die Darstellung des Geistes, der sich im Unendlichen verliert. Sie sind konkrete Denkbahnen eines unmäßigen Cartesianismus, der keine Grenzen anerkennt.

Das große architektonische Erbe von Paris und der Ile de France ist in gewisser Hinsicht ein Mittel, um mit dem Himmel Zwiesprache zu führen. Die Fassaden der Gebäude sind in ihrer Flucht streng und in ihrer Materialwahl und ihrem einheitlichen

The Area "Chaudron" at the Plaine Saint Denis—Urban Renovation

This project is situated in the heart of an industrial zone called La Plaine Saint Denis, extending from the northern edge of Paris to the suburb of Saint Denis.

With this particular project, we had to create more than three hundred dwellings and 22,000 m² of office space in an already established although patchily developed urban area consisting of school buildings, builder's merchants and a public park.

Architecturally and in terms of urban development we wanted our project to function on a city quarter scale, following in the great tradition of Parisian town planning.

One of the most remarkable characteristics of Parisian town planning is its organization along the lines of Scholastic thought.

In this philosophy formal reasoning is essential and often even more important than the final result of the syllogism: starting from a series of hypotheses taken as read, reason is developed according to a process of dividing and subdividing each thought, so that no element is left unaccounted for. The representation of this reasoning is a tree the trunk of which divides into three smaller branches until on every branch sit three leaves.

This arborescent structure resembles that of Paris. Several principle axes (Louvre—Champs Elysées, Cours de Vincennes etc.) divide themselves at each intersection into several different arteries which in turn are subdivided.

In this structure applied to Paris, from the Baroque period under Louis XIV. onward, the notion of axes has been of utmost importance, but these axes such as those of Versailles, lead to heaven, that is to say, to infinity. The axis is the representation of the mind lost in the infinite. These are concrete lines of thought of an excessive Cartesianism without limit.

In a sense the grand architectural heritage of Paris and of the Ile-de-France may be considered as a means of creating a dialogue with the sky. The façades of the buildings are severe in their align-

Stil Mauern nicht unähnlich. Die Dächer jedoch sind in ihrer üppigen Vielgestalt chaotische, wilde Elemente. Sie sind Ausdruck eines Cartesianismus, der ins Delirium führt, sobald der so oft ersehnte Himmel näherrückt. Die Fassaden der Ile Saint-Louis, des Schlosses Chambord und der Villa Savoye von Le Corbusier sind markante Beispiele dafür.

Unser Projekt, im Verband eines ganzen Viertels geschaffen, ist durch einen Platz mit Bürogebäuden und durch zwei enge, in den öffentlichen Park führende Straßen an die Avenue Wilson, die ehemalige Königsallee, angebunden. Der großzügige Park besteht aus einer Reihe von Rondeaus, die in eine von Gebäuden gesäumte Straße führen, sodaß sich ein perspektivisches Trompe-l'œil ergibt. Wir haben mit diesem Projekt der unendlichen Zahl der Pariser Räume einen weiteren, allerdings in kleinerem Maßstab, hinzugefügt.

Wie alle Pariser Bauten hat unser Projekt regelmäßige, mehr oder weniger monumentale Fassaden, die der Funktion entsprechend von Dächern ohne formalen Ausdruck gekrönt werden. Trotzdem scheint diese klassische Form Pariser Architektur zu wogen und zu fließen, als ob sie mit Absicht verzerrt worden wäre.

ment, forming walls which are often austere in their choice of building material and in their uniformity of style, whereas the roofs, with their exuberant variety, are elements of disorder and frenzy. This is the expression of a Cartesianism which leads toward delirium as the often longed for sky approaches. The façades of Ile Saint-Louis, of the Château de Chambord, and even Le Corbusier's villa Savoye, are remarkable examples.

Our project, conceived in the unity of neighbourhood, is connected to Avenue Wilson, the former royal mall, by a piazza, on which the office buildings are located and by two narrow streets which lead to the public park. This large garden consists of a series of round designated areas from which extends a road bordered by buildings thus creating a trompe-l'œil perspective. With this project we have added to the infinite spaces in Paris, albeit on a smaller scale.

Like all Parisian buildings our project utilizes regular façades, more or less monumental according to their function, topped by roofs free of formal expression. Nevertheless, this classical representation of Parisian architecture seems to move and to wave as if it were voluntarily distorted.

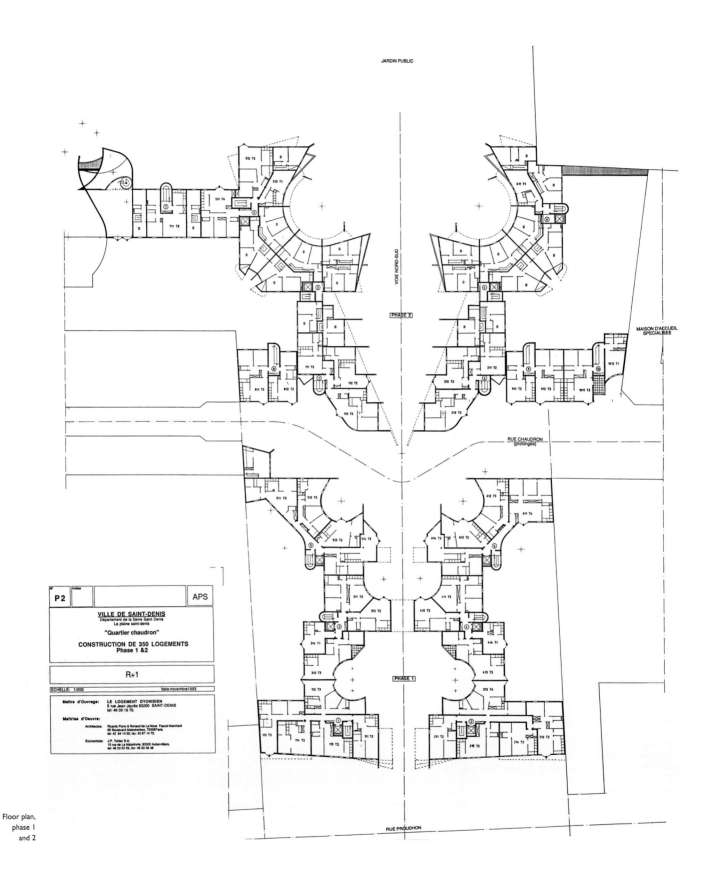

JARDIN PUBLIC

VOIE NORD-SUD

PHASE 2

MAISON D'ACCUEIL
SPECIALISEE

RUE CHAUDRON
(prolongée)

| N° | Indice | | APS |
| P2 | | | |

VILLE DE SAINT-DENIS
Département de la Seine Saint Denis
La plaine saint-denis

"Quartier chaudron"

CONSTRUCTION DE 350 LOGEMENTS
Phase 1 &2

R+1

ECHELLE: 1/200   date: novembre 1993

Maître d'Ouvrage: LE LOGEMENT DYONISIEN
5 rue Jean Jaurès 93200 SAINT-DENIS
tel: 48 09 19 70.

Maîtrise d'Oeuvre:

Architectes: Ricardo Porro & Renaud de La Noue Pascal Marchant
65 Boulevard Malesherbes, 75008 Paris
tel: 42 94 14 55, fax: 43 87 14 72.

Economiste: J.P. Tohier S.A.
15 rue de La Maladrerie, 93300 Aubervilliers.
tel: 48 33 52 59, fax: 48 33 06 48

PHASE 1

Floor plan,
phase 1
and 2

RUE PROUDHON

130

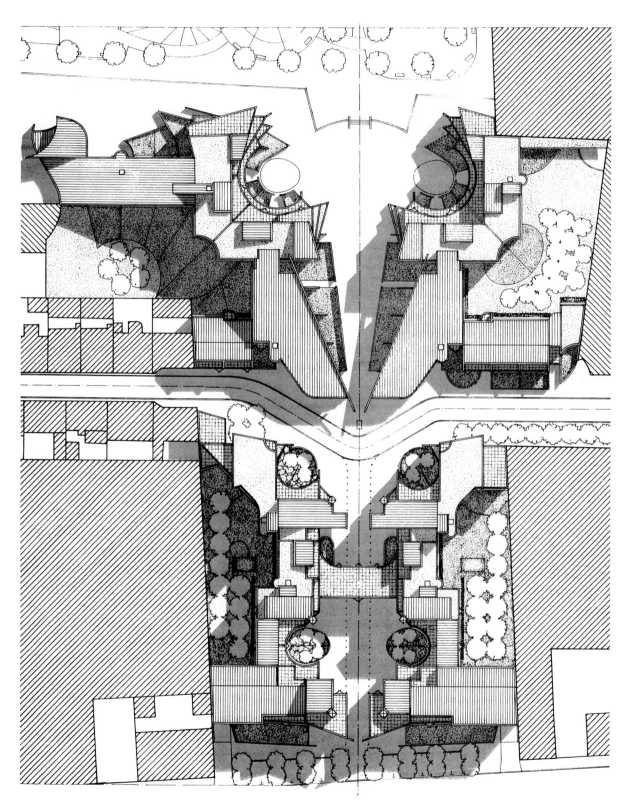

Roof plan

Urban Renovation, the area "Chaudron", Chaudron (La Plaine Saint Denis), France, Project with Renaud de la Noue and Pascal Marchand 1993–1994

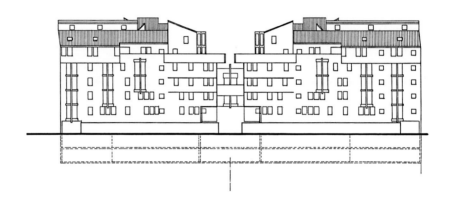

Above: Elevation from
Chaudron Street
Below: Elevation toward
Chaudron Street

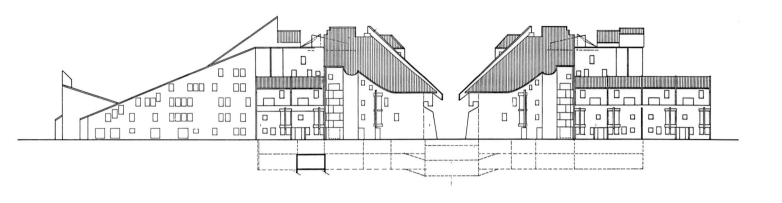

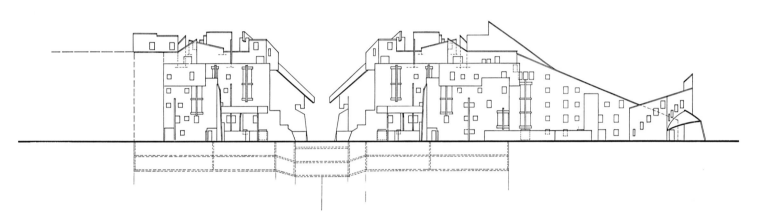

**Urban Renovation, the area "Chaudron", Chaudron (La Plaine Saint Denis),
France, Project with Renaud de la Noue and Pascal Marchand 1993–1994**

Skulpturen

Skulpturen, Gemälde und Architektur werden durch eine starke Integration von äußerer Form und Inhalt gewonnen.

Meine Skulpuren sind aber auch gemalt, etwas, das man bei Veit Stoss, in germanisch-gotischen Skulpturen oder in den spanischen „Imagineros" des Manierismus oder Barock wiederfindet.

Meine Skulpturen sind nicht weich oder zart, sie sind sehr dramatisch oder sogar tragisch. Ich meine, sie gehören zu der Welt meiner Phantasie. Wenn ich versuchte ihre Schönheit zu definieren, so würde ich sagen: „Sie haben die Herrlichkeit dunkler Mächte in der Welt" und nicht den „splendor divinis bonitatis" (den Glanz göttlicher Gnade).

Ich will nun versuchen, einige meiner Skulpturen zu erklären:

Eine Mischung aus Eros und Thanatos in einem Kasten. Beide stellen die Gegensätzlichkeiten der Seele des Menschen dar, wie Freud es formulierte. Ein abgeschlossener Holzkasten und durch ein Fenster hindurch das Gefühl der Unendlichkeit – durch ein „Trompe-l'œil" aus Spiegeln. Das Äußere begrenzt – im Inneren Unendlichkeit.

In meiner Vision der Salome wieder Eros und Thanatos vereint. Der Tanz der Salome mit schwarzen Schleiern und dem Kopf des Täufers unter ihrem Geschlecht.

Dualität auch in Janus. Einer von ihnen mit zwei Schlüsseln, einer mit einem Alpha, einer mit einem Omega, Anfang und Ende.

Zum Thema Anfang: Die Geburt der Eva, eine naturalistischer, die andere eher wie eine Art Mandala, mit dem Kreuz als Zentrum der Welt. Symbole sind eher Tradition. Das zweite ist die Geburt einer Eva des Grauens aus einem Adam ohne Kopf.

Eine Gruppe diabolischer Dreifaltigkeiten, wie eine Gottheit in einer schwarzen Messe. Der Heilige Geist als schrecklicher schwarzer Vogel. Der Vater drohend mit der Hand, während er aus dem Mund seines kranken Sohnes ein Ei als Zeichen der Stetigkeit erhält.

Sculpture

Sculpture as painting and architecture are conceived by a very strong integration between form and content.

But my sculptures are also painted, something to find in Veit Stoss or in German gothic sculptures or in Spanish "Imagineros" of Manierist and Baroque periods.

My sculptures are not sweet and gentle, they are very dramatic or even tragic. I could say they belong to the world of my phantasies.

If I could use a definition for the beauty they have, I would say "The splendor of black forces in the world" and not "splendor divinis bonitatis".

I will try to explain some of them.

Mixture of Eros and Thanatos in one box. Both form the principal opposition in the soul of man as it was explained by Freud. A box in wood totally closed, a sensation of infinity through a window, a "trompe-l'œil" made by mirrors. The exterior limited and in the interior infinity.

In my vision of Salome again Eros and Thanatos together. The dance of Salome with black veils and the head of the Baptist under her sex.

Duality again in Janus. Two keys, one an Alpha, the other an Omega, the beginning and the end. And speaking of beginning the birth of Eve, one more naturalist, the other more like a mandala with the notion of the cross which is the center of the world. Symbols are more traditionals. This second one is the birth of a terrible Eve from an Adam without a head. A group of diabolic trinities, like a divinity seen by a black spirit as a terrible black bird. The father by a hand cursing and from the mouth of an ill son comes an egg as a symbol of continuity.

I also made a series of diabolic beings, mixtures of human forms always with fingers throwing evil. Also a man with a beard over his head is a reference to evil. The Tetractys is a very ancient symbol by which the Pythagorians swore it is a symbol of totality.

I have always been worried by alienation in man and by the few who can see and unterstand what is

Ich gestaltete auch eine Serie diabolischer Wesen, Mischungen menschlicher Gestalten, die mit den Händen das Böse verbreiten.

Auch einen Menschen mit einem Monster über seinem Kopf – ein Hinweis auf das Böse. Die Tetraktis ist ein sehr altes Symbol, das pythagoräische Symbol für Totalität.

Ich habe mich immer vor der Entfremdung im Menschen gefürchtet und vor den wenigen, die sehen und verstehen, was passiert.

Ich habe eine Serie von Skulpturen zum Thema Entfremdung geschaffen, Entfremdung in einer Tetraktis aus Gesichtern mit einem Schleier verdeckt, eines der Gesichter bricht durch den Schleier und blickt hindurch.

In diesem Werk bin ich vielleicht durch Thomas Manns Novelle *Mario und der Zauberer* beeinflußt worden. *Mario und der Zauberer* ist meiner Meinung nach eine der großartigsten Novellen zu diesem Thema, das mir in der heutigen Zeit als sehr wichtig erscheint.

Zuletzt möchte ich noch auf Diotima hinweisen, die Frau, die Sokrates alles über die Liebe lehrte. Ich las diesen Dialog von Plato, als ich sehr jung war. Es war ein großer Schock für mich, aber ich war begeistert.

really happening. I did a series of sculptures about alienation covert in a Tetractys of faces by a veil and perhaps one of the faces breaks the veil and sees in front.

Perhaps this has been the influence of the book *Mario and the Magician* by Thomas Mann. For me one of the most lucid novels about this problem which is important in our time.

The last reference I can make is Dyotima, the woman who taught Socrates all he knew about love. I read this dialogue of Plato when I was very young and it was a strong shock to me, I loved it.

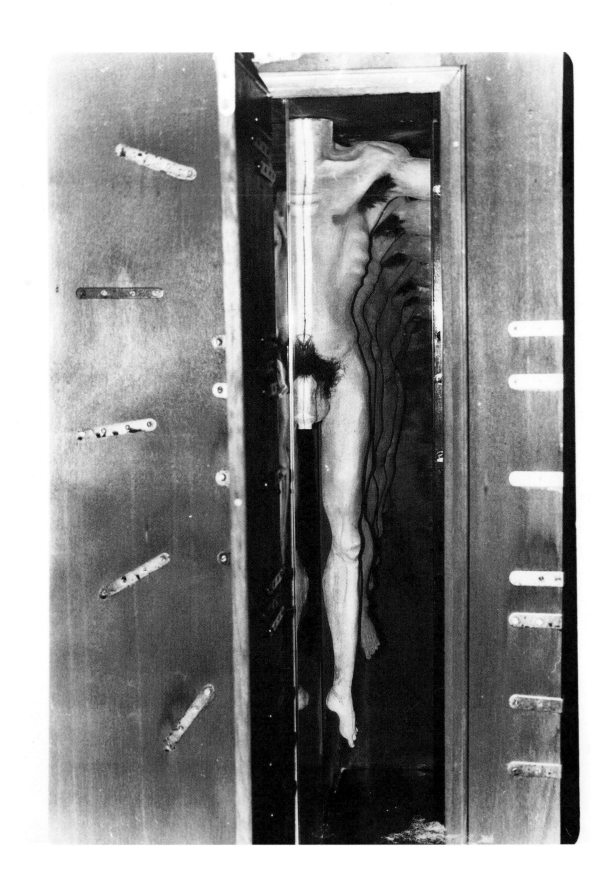

Sculpture

Bilder

Meine Art, mich in der Malerei darzustellen, ist sehr eklektizistisch. Für meine Ausdrucksprobleme benötige ich bei jedem Thema eine formale Welt, die sich von Bild zu Bild vollkommen unterscheidet. Ich kann mich dabei expressionistischer, futuristischer oder kubischer Elemente bedienen, wobei sie sich immer wieder verändern. Sowohl in der Architektur als auch in der Bildhauerei und Malerei ist mein Werk immer figurativ, niemals abstrakt. Ich kann zwar nicht von mir behaupten, über einen klassischen Geist zu verfügen, aber die meisten meiner Gemälde erhalten ihre Struktur durch goldene Zahlen. Dies findet in meiner Architektur und Bildhauerei nicht statt – die flachen Oberflächen werden jedoch durch den goldenen Schnitt geformt. Es gibt zahlreiche Ausdrucksprobleme in meinen Bildern. Zum Beispiel taucht auch der Gedanke der vereinten Gegensätze immer wieder auf. So zum Beispiel Eros und Thanatos, oder die Dualität im Menschen, oft Wasser und Feuer oder Gut und Böse. Das Thema des Bösen fasziniert mich immer wieder. Die Apokalypse oder der vom Bösen besessene Mensch. Manchmal ist es Pandora und ihre offene Büchse. Aber auch Eros allein war Thema meiner Bilder: Paare vor oder nach der Liebe, oder auch das Thema der Kastration.

Eine andere Obsession von mir ist die Zeit, ein Thema, das ich ebenfalls häufig in meinen Bildern darstelle.

Die Gleichzeitigkeit ist eine Konstante in der Kunst unseres Jahrhunderts, und ich versuche auch sie in mein Werk zu integrieren.

Mich als religiösen Menschen beschäftigt ein Thema ganz besonders stark: „Barmherzigkeit". Einige meiner Bilder beinhalten dieses Thema: Die Barmherzigkeit – flüchtend; die Barmherzigkeit – gefangen; Angst vor Barmherzigkeit.

Auch der Tod ist Thema einiger meiner Bilder. Liegt es an dem Einfluß, den dieses germanische Wort auf mich hat?

Eines der Tiere, die mich besonders faszinieren, ist die Eule, ihre Ambiguität.

Painting

In painting I am very eclectic in the way I represent. My expressive problemes demand for every theme a formal world that changes totally from one painting to the other. I can use expressionist elements or futurist or cubist and they change every time. It is true, I am rather eclectic.

I am figurative in architecture as I am in painting or sculpture and never abstract.

I cannot consider myself to have a classic spirit, but most of my paintings are structured by golden numbers. It doesn't happen in my architecture or in sculpture, but in the flat surfaces I construct by golden proportions. Many expressive problems are in my paintings. For example the notion of unified oppossition occurs frequently. Maybe Eros and Thanatos, or duality in the human being, often water and fire or good and evil.

The problem of Evil has always fascinated me. The beast of apocalypse of man possessed by a beast. From time to time it is Pandora and her open box. Equally Eros alone has been a theme in my paintings. Couples before or after they made love or even the notion of castration. Another obsession is time which I have represented often in paintings.

Simultaneity has been a constant in the arts in our century and I also try to use it in my art. Many of my works attempt to represent movement.

In my religiosity one theme, grace, intrigues me, some of my paintings take this theme. Grace that escapes, grace that is caught, or fear of grace.

Also death is in some paintings. Is it because of the great influence that germanic word had on me? One of the animals that fascinates me because of its ambiguity is the owl. I have made several paintings and drawings in which by the simulacrum of every picture every one can have a different meaning. It could be mystery of death or dream or sleep or fate.

Narcism has come often to my works it is a myth that passionates me, and it is the probleme of all creators.

Also angel or man falling has been in my paintings. There is a part of a poem of Lezama Lima

Ich habe verschiedene Bilder und Zeichnungen angefertigt, die durch ihren Trugbildcharakter unterschiedliche Bedeutungen haben können: Mysterium des Todes oder Traum, Schlaf oder Schicksal.

Auch der Narzißmus kehrt in meinen Werken immer wieder; dieser Mythos fasziniert und begeistert mich, er ist das Problem aller Kunstschaffenden.

Auch das Bild eines fallenden Engels oder Menschen ist ein Thema meiner Malerei. Es gibt eine Stelle in einem Gedicht von Lezama Lima mit dem Titel *Die Götter,* er sagt: „Derjenige, der Luft mißt, kann im Tod leben und in der Unsterblichkeit sterben."

called *The gods* in which he says: "The one who measures air can live in death and die in immortality".

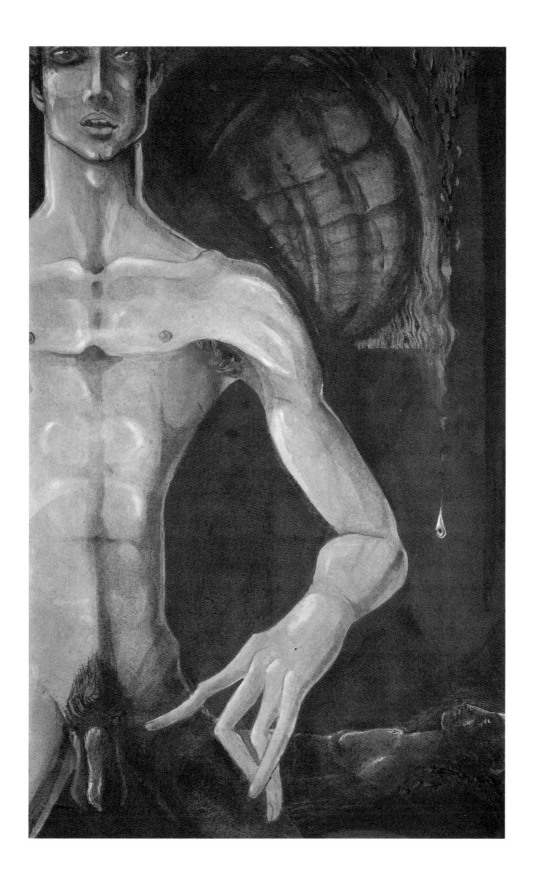

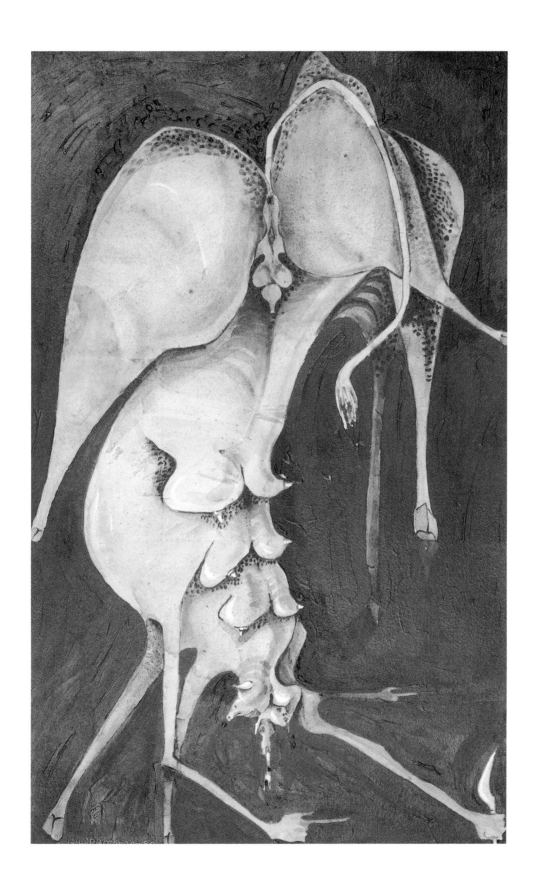

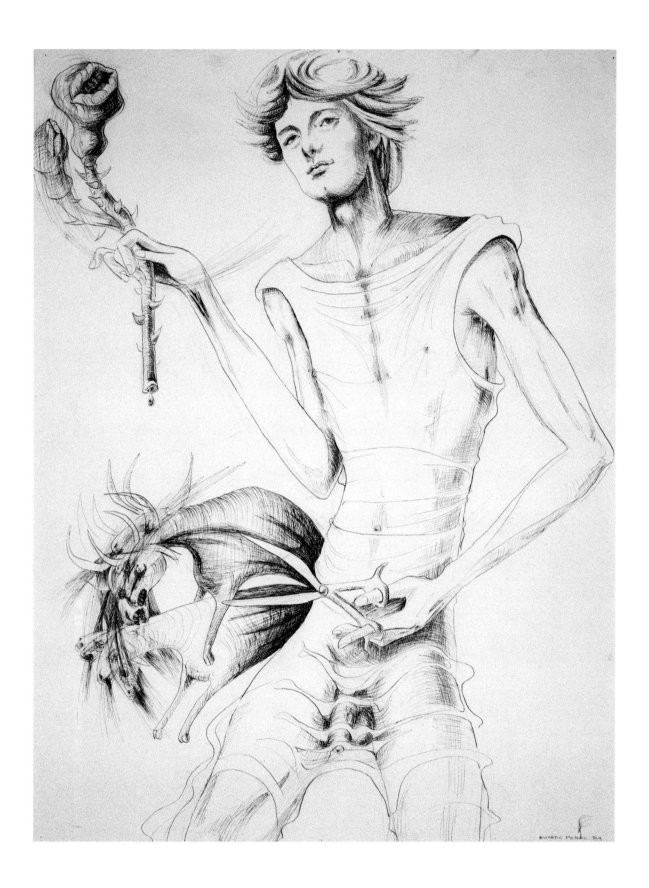

Biographie Ricardo Porro

Ricardo Porro wurde am 3. November 1925 in Camaguey, Kuba, geboren und lebt heute als französischer Staatsbürger in Paris. Als Kind besucht er eine von spanischen Priestern geleitete Jesuitenschule. Später studiert er Architektur an den Universitäten von Havanna, Paris (La Sorbonne, Institut d'Urbanisme) und Venedig. Während der Revolution geht er ins Exil nach Caracas und habilitiert sich an der dortigen Universität. Nach Kuba zurückgekehrt, lehrt er an der Universität von Havanna. 1966 zieht er nach Frankreich, wo er bis 1992 an verschiedenen Schulen unterrichtet. In dieser Zeit beginnt er verstärkt, als Bildhauer und Maler tätig zu werden. Im Jahre 1993 hat er eine Gastprofessur an der Technischen Hochschule in Graz inne.

Zu seinen wichtigsten realisierten Projekten gehören: Schule für bildende Kunst, Havanna (1960–1963), Schule für modernen Tanz, Havanna (1960–1963), Zentrum für Kunst und Kommunikation in Vaduz, Liechtenstein (1969–1975); in Kollaboration mit Renaud de La Noue: Collège Fabien, Montreuil (1990–1993), Collège Elsa Triolet, Saint Denis (1987–1990), Wohnungsbau in Stains, Seine-Saint-Denis (1987–1991), Stadterneuerungsprojekt „Chaudron", La Plaine Saint Denis (1990–1994).

Ricardo Porros Architektur ist in ihren Wurzeln eindeutig der Moderne verschrieben und weicht dennoch in vielen Aspekten von ihr ab. Zu seinen literarisch-philosophischen Inspirationsquellen zählt er Valéry, Joyce, Nietzsche, Proust, Mann, Dantes *Divina comedia* und die antike Philosophie von Plato und Heraklit. Entscheidend war für ihn die Auseinandersetzung mit dem Werk von Frank Lloyd Wright, Antonio Gaudí und Asplund. Aus seiner klaren Absage an das Bauhaus resultieren Schöpfungen, die in ihrer anthropomorph-vegetativen Komplexität und dynamischen Lebendigkeit ebenso schwer einzuordnen wie zu beschreiben sind. Gegensätze wie axial/nicht axial, konkav/konvex, geradlinig und kurvig sind zur Einheit von Gebäuden verbunden, die immer eine organische und vibrierende Gesamtstruktur, ein kohärentes Bild oder Symbol darstellen.

Biography Ricardo Porro

Ricardo Porro was born on November 3rd, 1925 in Camaguey, Cuba, and is currently living as a French citizen in Paris. Being a child, he visits a Jesuit school, which is led by Spanish priests. Later on, he studies architecture at the universities of Havana, Paris (La Sorbonne, Institut d'Urbanisme) and Venice. During the revolution he goes into exile to Caracas and obtains his postdoctoral qualification at the local university. Having come back to Cuba, he teaches at the university of Havana. In 1966 he moves to France, where he teaches at different schools until 1992. During this time, he begins to work increasingly as sculptur and painter. In the year 1993 he is invited as a guest lecturer to the Technical University of Graz, Austria.

Among his most important realized projects are ranking: School of Fine Arts, Havana (1960—1963), School of Modern Dance, Havana (1960—1963), Center for Art and Communication, Vaduz, Liechtenstein (1969—1975), in collaboration with Renaud de La Noue: College Fabien, Montreuil (1990—1993), College Elsa Triolet, Saint Denis (1987—1990), Residental Dwellings in Stains, Seine-Saint-Denis (1987—1991), Urban Renovation Project "Chaudron", La Plaine Saint Denis (1990—1994).

The architecture of Ricardo Porro is obviously devoted to modern age in its origins, though it is breaking with modern rules in numerous aspects. As literary-philosophical sources of inspiration Porro is quoting Valéry, Joyce, Nietzsche, Proust, Mann, Dante's *Divina comedia* and the ancient philosophy of Plato and Heraclitus. Of fundamental importance has the analysis of the work of Frank Lloyd Wright, Antonio Gaudí and Asplund been to him. His clear refusal of the Bauhaus lead him to works, which are as difficult to describe as to categorize in their anthropomorphic-vegetative complexity and dynamical liveliness. Juxtapositions like axial/non-axial, concave/convex, linear and curvilinear are connected to the unity of buildings, which are always showing an organic and vibrating structure and forming a coherent image or symbol. The linking up of national

Die Verschränkung von nationaler Identität und Tradition mit einer internationalen und zeitgenössischen architektonischen Sprache ist ein Grundprinzip seiner Entwürfe.

Architektur ist für Porro dem Menschen dienender Lebensraum, der seine Funktionen erfüllen muß und gleichzeitig dem Alltäglichen eine poetische Dimension verleiht.

identity and tradition with an international and contemporary architectonical language is a basic principle of his plans.

To Porro, architecture is living space made for man and has to fulfil its functions—at the same time, it is giving a poetical dimension to everyday life.

Biography

20,= G
10,- L